Hannah Streng

Trauer, Tod und Sterben in der modernen Gesellschaft

Erlaubt unsere Gesellschaft einen natürlichen Umgang mit Trauer?

Bibliografische Information der Deutschen Nationalbibliothek:

Die Deutsche Nationalbibliothek verzeichnet diese Publikation in der Deutschen Nationalbibliografie; detaillierte bibliografische Daten sind im Internet über http://dnb.d-nb.de abrufbar.

Inhaltsverzeichnis

1 Einleitung

Während eines Praktikums in einem österreichischen Kinderhospiz fragte mich ein vierjähriger Junge, dessen großer Bruder aufgrund einer angeborenen Behinderung im Sterben lag, ob Weinen etwas Böses sei. Ich fragte ihn, wie er denn auf diesen Gedanken komme und er antwortete: „Immer wenn ich im Kindergarten weinen muss, weil Frederik stirbt, tröstet Sabine mich und sagt mir, dass ich tapfer sein muss und nicht weinen soll". Dieser Satz des kleinen Jungen, der schon in seinem jungen Alter erfahren musste, dass die moderne westliche Gesellschaft nur wenig Verständnis für die Trauer und das Zeigen damit einhergehender Gefühle aufweist, stimmte mich sehr nachdenklich und wurde zum Anlass dieser Bachelorarbeit.

Als ich mich im Rahmen dieses Praktikums näher mit dem Tod, dem Sterben und der Trauer auseinandersetzte, wurde mir bewusst, welch großen Teil unseres Lebens diese Themen einnehmen und wie wenig dennoch darüber gesprochen wird. Der Tod, so lautet eine weitverbreitete These, werde in unserer Gesellschaft verdrängt. Dass anonyme Bestattungen immer beliebter werden und heutzutage hauptsächlich in Institutionen wie dem Krankenhaus oder Pflegeheim gestorben wird, erscheint logisch. Warum auch sollte man seine kostbare Lebenszeit mit Gedanken an den Tod und das Sterben verschwenden, wenn man doch das Glück hat, in einer vom Fortschritt geprägten Spaßgesellschaft, in der negative Gefühle keinen Platz haben, zu leben? Sogyal Rinpoche, der Gründer der buddhistischen Gemeinschaft Rigpa, hat vielleicht die Antwort auf diese Frage: Indem wir im Bewusstsein der Vergänglichkeit und Sterblichkeit leben, lernen wir „unser Leben nicht zu verschwenden. Wir gewinnen eine ungeahnte Freiheit, Gelassenheit und Frieden. Wir lernen Prioritäten zu setzen und ‚verlieren' keine Zeit" (zitiert nach Gudjons, 1996, S. 11).

Wie wohltuend es sein kann über den Tod und das Sterben sprechen zu dürfen, konnte ich während meines Praktikums im Kinderhospiz erleben. Den Betroffenen, den Eltern und Geschwistern sowie weiteren Familienmitgliedern wurde hier ein geschützter Rahmen geboten, in dem es möglich war, die individuelle Trauer und die mit ihr einhergehenden Gefühle und Reaktionen offen zu zeigen. Immer wieder berichteten Betroffene, dass sie diese Möglichkeit des freien Auslebens ihrer individuellen Trauer sowie die akzeptierende und anerkennende Haltung des Hospizteams sehr wertschätzen, woraufhin sich mir die Frage stellte, ob und vor allem warum ihnen diese Möglichkeit in ihrem „realen" Leben verwehrt bleibt.

Ausgehend von diesen Überlegungen wurde die Frage „Erlaubt die moderne Gesellschaft einen natürlichen Umgang mit Trauer" zur Leitfrage meiner Bachelorarbeit, welche ich im Folgenden bestmöglichst beantworten möchte. Dazu werden zunächst einige typische Merkmale der westlichen Welt beschrieben, um unsere moderne Gesellschaft ein Stück weit charakterisieren zu können. Anschließend werde ich mich mit dem Thema Tod und Sterben in der modernen Gesellschaft und insbesondere mit den Fragen, wie sich das Todes- und Sterbeverständnis von der Antike bis zur heutigen Zeit gewandelt hat, wie die moderne Gesellschaft mit diesen Themen umgeht und ob die These, der Tod werde heutzutage verdrängt, tatsächlich noch haltbar ist, beschäftigen. Das 4. Kapitel schließlich, das Hauptkapitel dieser Arbeit, handelt von der Trauer in der modernen Gesellschaft, wobei ein besonderes Augenmerk auf die gesellschaftlichen Faktoren, die einen natürlichen Umgang mit Trauer erschweren, gelegt wird.

Ziel dieser Arbeit ist es, die Frage, ob die moderne Gesellschaft einen natürlichen Umgang mit Trauer erlaubt, zu beantworten. Da die Arbeit zu einem besseren Verständnis und einer Sensibilisierung für das Thema Trauer führen soll, werde ich mich verstärkt auf die Probleme, mit denen Trauernde in unserer Gesellschaft konfrontiert werden, konzentrieren. Positiv zu interpretierende Merkmale unserer Gesellschaft in Bezug auf den Umgang mit Trauer und Trauernden werden dabei aufgrund des beschränkten Rahmens dieser Arbeit nur in geringem Maße beleuchtet.

2 Merkmale der modernen westlichen Gesellschaft

Die Frage, was unsere moderne westliche Gesellschaft auszeichnet, ist nicht einfach zu beantworten. Während sich traditionelle Gesellschaften relativ einfach über ihr politisches Modell oder ihre religiöse Überzeugung charakterisieren lassen, lässt sich die aktuelle Gesellschaft wohl am besten mit dem Wort „Komplexität" beschreiben. In ihr ist kaum noch eine übergeordnete Einheit bestimmen, sie ist dagegen in verschiedene Untersysteme, wie beispielsweise Politik, Recht, Bildung, Ökonomie usw. ausdifferenziert (Kervégan, 2014). Nach Ansicht des britischen Soziologen Anthony Giddens (1995) leben wir in einer Gesellschaft, die von zwei besonders mächtigen Institutionen der Moderne gekennzeichnet ist: Die Existenz eines industriell-kapitalistischen Marktes sowie der Einfluss von Wissenschaft, Technologie und Demokratie. Der Begriff der „modernen Gesellschaft" begründet sich auf einer Abgrenzung von traditionellen Gesellschaften und wird eng mit der Durchsetzung eines vernunftbestimmten, rationalen Handelns sowie mit Prozessen der Industrialisierung, Urbanisierung und Globalisierung verbunden.

Theoretiker[1], die sich mit der Frage nach den Merkmalen der modernen westlichen Gesellschaft auseinandersetzen, sind sich einig, dass unsere Gesellschaft ein Produkt vieler miteinander verwobener politischer, ökonomischer und gesellschaftlicher Umwandlungsprozesse ist (Pauli, 2014). Aufgrund der Komplexität unterschiedlicher bestehender Theorien, deren ausführliche Beschreibung den Rahmen dieser Arbeit sprengen würde, werde ich im Folgenden lediglich einige bekannte Merkmale der modernen westlichen Gesellschaft, die im Zusammenhang mit dem Thema „Trauer, Tod und Sterben" stehen, kurz erläutern.

2.1 Leistungsfähigkeit, Erfolg und Selbstoptimierung als Credo der modernen Bevölkerung

Nach Giddens (1995) ist das Hauptmerkmal, das die Gegenwartsgesellschaft von den Gesellschaften früherer Zeiten unterscheidet, die beschleunigte Geschwindigkeit, welche ihren Ursprung im Zeitalter der Industrialisierung hat und durch die digitale Revolution sowie durch die Globalisierung verstärkt wurde. Im Zuge dieser kam es zu einer ersten Phase nationaler und internationaler Konkurrenz, wodurch Arbeitsprozesse verstärkt unter dem Gesichtspunkt maximaler Effizienz evaluiert

---

[1] In der folgenden Arbeit wird aus Gründen der besseren Lesbarkeit ausschließlich die männliche Form verwendet. Sie bezieht sich auf Personen beiderlei Geschlechts.

wurden und die Idee von individueller Leistungskraft einen enormen Aufschwung erhielt. Dieser Trend zeigte sich besonders deutlich in der Entwicklung verschiedener Leistungstests zu Beginn des 20. Jahrhunderts. So wurde in dieser Zeit der erste Intelligenztest entwickelt, durch Berufseinstellungstests wurden die geeignetsten Bewerber ausgewählt und in den Schulen gab es die ersten standardisierten Prüfungen, wodurch die individuelle Leistungskraft auf einmal objektiv festgestellt werden kann und in Form von Zeugnissen festgeschrieben wird. In Folge dieser Leistungsbewertung ist seither eine Unterteilung in Gewinner und Verlierer, also in jene, die den Test bestehen und jene, die unterliegen, möglich, wodurch das Leistungsprinzip als Erfolgsnorm hochgehalten wird, Erfolg sich zu einer Kategorie ökonomischer und gesellschaftlicher Statusverteilung entwickelt und nur derjenige, dem es gelingt, seine gesellschaftliche Stellung zu verbessern, als erfolgreich angesehen wird (Leitner, 2012).

Um in dieser von Wettbewerb geprägten Leistungsgesellschaft bestehen zu können, lautet das Credo der modernen arbeitenden Bevölkerung „Selbstoptimierung", welche über herausragende Noten und einen ausgeschmückten Lebenslauf erreicht werden kann. Selbstoptimierung ist zudem als Antwort auf die zunehmend wahrgenommene Unsicherheit in der Gegenwart zu verstehen, die in der Arbeitswelt durch befristete Verträge und im Alltag unter anderem durch Flüchtlingsfragen oder durch Finanzkrisen entsteht. Die drei Elemente Beschleunigung, Unsicherheit und Selbstoptimierung charakterisieren Feitsch (2016) zufolge das Leben in der modernen Leistungsgesellschaft und gehen einher mit Dauerstress, Erschöpfung und wahrgenommener Überforderung.

2.2 Die Entzauberung der Welt – Rationalisierung, Säkularisierung und Gefühllosigkeit

Im Jahr 1917 entwickelte der Soziologe Max Weber das Konzept der „Entzauberung der Welt", welches den Sieg der Rationalisierung und Intellektualisierung über „das Vormoderne, die Welt des Mystischen, der Dämonen, Hexen und Magie" (Klatt, 2017, S. 1) beschreibt. Diese zunehmende Intellektualisierung und Rationalisierung, wie wir sie besonders deutlich seit dem Zeitalter der Aufklärung erleben, bedeutet *das Wissen davon oder den Glauben daran: daß man, wenn man nur wollte, es jederzeit   erfahren könnte, daß es also prinzipiell keine geheimnisvollen unberechenbaren   Mächte gebe, die da hineinspielen, daß man vielmehr alle Dinge – im Prinzip – durch Berechnen beherrschen könne. Das aber bedeutet: die Entzauberung der Welt* (Weber, 1992, S. 87).

Durch diese Rationalisierung und Entzauberung der Gesellschaften der westlichen Zivilisation ergab sich auch jener Prozess der Säkularisierung (Verweltlichung), der den allmählichen Bedeutungsverlust und das langfristige Verschwinden von Religion, vom christlichen Glauben und von der Kirche bezeichnet. Die christliche Religion hat also ihre Rolle als „Deuter von Wahrheit und Stifter von Glauben und Werten verloren […], das christliche Heilsversprechen ist für viele unverständlich und belanglos geworden […] [und] wissenschaftliches Wissen [erklärt] nun der Welt den Tod, dessen Unvermeidlichkeit und Endgültigkeit eingeschlossen – und veranlasst damit zu einem pragmatischen Umgang" (Thieme, 2018, S. 70 f.). Neben einem durch die Rationalisierung begründeten Glaubensverlust und einer Entwertung christlicher Traditionen, legte die Rationalisierung außerdem die Grundlage für die heutige kapitalistische Gesellschaftsform, die die Menschheit mit überwältigendem Zwang bestimmt und sie zum Funktionieren zwingt, was über das Ausschalten von Gefühlen und Emotionen bekanntlich am besten erreicht wird. Die moderne westliche Gesellschaft hat sich, um es mit den Worten von Max Weber (2006) auszudrücken, zu einer Gesellschaft, bestehend aus „Fachmenschen ohne Geist [und] Genußmenschen ohne Herz" (Weber, 2006, S. 177 f.) entwickelt, die sich einbilden, „eine nie vorher erreichte Stufe des Menschentums erstiegen zu haben" (Ebd., S. 178).

2.3 Individualisierung als zentraler Trend in der modernen Gesellschaft

Unter Individualisierung versteht man einen „Veränderungsprozess, in dessen Verlauf sich bei einer wachsenden Zahl von Menschen institutionelle Bindungen aufgelockert haben und sich zugleich eine verstärkte Ausrichtung des Denkens und Handelns an der eigenen Person und Lebensgestaltung ergeben hat" (Hillmann, 2007, S. 363). Im Zuge der Individualisierung wurden überkommene Traditionen und Gewissheiten infrage gestellt, gesellschaftliche Normen und Werte wurden überdacht und die Gestaltung von Lebensentwürfen liegt seither in den Händen des Individuums, wodurch sich ein Mensch als selbstbestimmtes, autonomes Subjekt erfahren und sich aus eigenem Willen für eine Identität entscheiden kann. Zurückzuführen ist der Prozess der Individualisierung vor allem auf drei Entwicklungen, die sich in den 1960er-Jahren vollzogen haben: Die bis in die 1980er-Jahre anhaltende Wohlstandssteigerung, dank der sich alle kontinuierlich ein bisschen mehr leisten konnten, die Verkürzung der Arbeitszeit, die den erwerbstätigen Gesellschaftsmitgliedern mehr Freizeit bescherte sowie die Steigerung des Bildungsniveaus, die immer mehr Menschen die Chance des sozialen Aufstiegs bot

(Hillmann, 2007). Der Individualisierungsprozess ging zwar mit vielen Gewinnen und Vorteilen für das Individuum einher, jedoch sind auch die unübersehbaren Schattenseiten der Individualisierung nicht zu vernachlässigen. Diese betont beispielsweise der Psychologe und Autor Ernst-Dieter Lantermann (2016) und stellt in seinem Buch „Die radikalisierte Gesellschaft" fest, dass mit der wachsenden Eigenverantwortung zwangsläufig auch das Lebensrisiko steigt, da jeder Zugewinn an individuellen Freiheiten mit einem Zuwachs an Ungewissheiten und Unsicherheiten der Lebensführung einhergeht und Individuen sich in Ausnahmesituationen, wie beispielsweise nach dem Tod nahestehender Personen, von der Gesellschaft im Stich und alleingelassen fühlen.

3 Tod und Sterben in der modernen Gesellschaft

> Der moderne Tod hat nichts, das ihm Transzendenz verleiht oder sich auf andere
> Werte bezieht. [...] In einer Welt der Tatsachen ist der Tod nur eine Tatsache mehr.
> Da er aber eine unangenehme Tatsache ist, [...] versucht die ‚Philosophie des Fort-
> schritts' [...] seine Existenz hinwegzuzaubern (Paz, 1998, S. 62).

In unserer modernen, aufgeklärten und naturwissenschaftlich orientierten Welt,
die nach den Idealen der Jugendlichkeit, Gesundheit und Leistungsfähigkeit strebt,
ist für das Thema „Tod und Sterben" kein Platz mehr. Die Angst vor der eigenen
Sterblichkeit und die Angst davor, nahestehende Personen zu verlieren, führt dazu,
dass diese Themen aus der Gesellschaft verdrängt werden. Aufgrund moderner
Entwicklungen wie Medikalisierung, Ökonomisierung und Institutionalisierung,
findet Sterben heutzutage hauptsächlich in abgeschirmten Räumen statt und To-
des- und Trauerrituale geraten immer mehr in Vergessenheit. Obwohl jeder
Mensch im Laufe seines Lebens mit den Themen Sterben, Tod und Trauer konfrontiert sein wird, der Tod also ständiger Begleiter des Lebens ist, wird er zumindest
in den westlichen Industriegesellschaften kaum wahrgenommen, geleugnet oder
verdrängt.

3.1 Der Wandel des Todes- und Sterbeverständnisses

Im Gegensatz zu der modernen westlichen Gesellschaft, die den Tod weitestgehend
verdrängt, war der Tod in den Zeiten vor unserer Zeit Teil des Lebens, „er wurde
angenommen oder abgelehnt, als Zeremonie begangen oder bitter beklagt"
(Winau, 2015, S. 4). Der französische Historiker Phillippe Ariés hat sich in seinen
Büchern „Studien zur Geschichte des Todes im Abendland" (1976) und „Geschichte
des Todes" (2009) mit der Frage befasst, wie Generationen vor uns mit Tod und
Sterben umgegangen sind. Aufgrund seiner Nachforschungen unterschied er fünf
epochale Einstellungen zum Tod: Der gezähmte Tod, der eigene Tod, der lange und
nahe Tod, der Tod des Anderen und der ins Gegenteil verkehrte Tod. Dabei betrachtet er vier Kriterien - das Bewusstsein, das der Mensch von sich selbst hat, die Strategien der Gesellschaft, sich gegen die wilde Natur zu verteidigen, der Glaube an
ein Leben nach dem Tod und der Glaube an die Existenz des Bösen - für die Wand-
lung des Bezugs zum Tod als entscheidend.

3.1.1 Der gezähmte Tod

Von der Antike bis ins frühe Mittelalter bestimmte eine vertraute Einstellung zum Tod den Umgang mit diesem. Der Tod war als menschliches Schicksal Teil des Lebens, organisiert und öffentlich inszeniert. Er wurde sowohl vom Sterbenden als auch von der Gemeinschaft als furchtbare Notwendigkeit hingenommen, dem durch den fest verankerten Glauben an die Erbsünde und dem Glauben an die Wiederauferstehung ein Sinn verliehen wurde. Ariés selbst beschreibt diese Einstellung der damaligen Menschheit, für die der Tod vertraut, nahe und abgeschwächt war, als „schroffen Gegensatz zur unsrigen, bei der der Tod uns Angst einflößt, bis zu dem Grade, daß wir nicht mehr wagen, ihn beim Namen zu nennen" (1976, S. 25).

3.1.2 Der eigene Tod

Zwischen dem 12. und dem 15. Jahrhundert trat nach Ariés (1976) der eigene Tod in den Fokus der Aufmerksamkeit. Mit Entstehung einer neuen Gesellschaftsstruktur nach der Bevölkerungszunahme, der Stadtkultur als neue Lebensform und der damit einhergehenden Individualisierung, wurde dem Tod allmählich ein dramatischer und persönlicher Sinn verliehen. Es entstand ein neues Selbstbewusstsein, der Glaube an eine gemeinschaftliche Auferstehung rückte in den Hintergrund und durch die Einführung der Beichte in der Kirche und der damit einhergehenden Verinnerlichung der Frömmigkeit galt das eigene Leben nicht mehr als vorherbestimmt, sondern das Schicksal oblag nun in hohem Maße der eigenen moralischen Verantwortung. Ganz nach dem Motto: „Wer nicht genug Gutes getan hat [...], der wird verdammt sein" (Baur, 2005, S. 304) wurde das „Konzept einer göttlichen Bilanz entwickelt, die nach dem Tod eines jeden einzelnen erstellt wurde [...] und damit war der Gedanke an den Tod nicht mehr von einem Gefühl der Ruhe und des Friedens begleitet, sondern von Ängsten" (Lehners, 2005, S. 29).

3.1.3 Der lange und der nahe Tod

Ein erneuter Wandel des Todesbildes vollzog sich ab dem 16. Jahrhundert. Im Unterschied zum „Modell des eigenen Todes", ist der Augenblick des Todes nun weniger wichtig und der Wert des Lebens entscheidet sich nicht erst in drohender Todesnähe, sondern vielmehr ist das ganze Leben eine Vorbereitung auf den Tod. Die folgende Epoche der Aufklärung war geprägt von Vernunft, rationalem Denken und Wissenschaft, was sich auch im Umgang mit Tod und Sterben zeigte: Der tote Körper wurde zum Gegenstand der Wissenschaft, Vorahnungen des nahenden Todes wurden als Wahnvorstellungen eines Kranken abgetan und es begann eine „Entthronung und Desakralisierung des Todes" (Ariés, 2009, S. 394). In diesen Entwicklungen und in den Versuchen, das Sterben durch Fortschrittsglauben zu zähmen, sieht Ariés die Ursprünge der Angst vor dem Tod. Man begegnete dem Tod folglich mit Zurückhaltung und scheinbarer Gleichgültigkeit, Begräbnisse nahmen einfachere Formen an und die Trauer wurde nicht mehr zur Effektentlastung eingesetzt, sondern spielte nunmehr „die Rolle einer Trennwand zwischen dem Tod und dem Menschen" (Ariés, 1982, S. 418).

3.1.4 Der Tod des Anderen

Ein Perspektivenwechsel des Todesverständnisses vollzog sich im 19. Jahrhundert. Die Familie wurde zum wichtigsten Bezugspunkt ihrer Mitglieder und ersetzte damit „sowohl die traditionelle Gemeinschaft als auch das Individuum des ausgehenden Mittelalters und der beginnenden Neuzeit" (Ariés, 2009, S. 783). Gefürchtet wurde sich nicht mehr vor dem eigenen Tod, sondern vor dem der anderen und der damit einhergehenden Trennung von einem geliebten Menschen. Gleichzeitig verlor die Gesellschaft die Angst vor der Hölle. Der Tod bedeutete zwar Trennung aber nicht das Ende des Verstorbenen, er wurde weder als „hässlich noch [als] furchterregend noch [als] böse" (Baur, 2005, S. 306) aufgefasst. Durch eine solch innige Verbindung mit den Verstorbenen etablierte sich ein neuer Totenkult: Massengräber wurden abgeschafft, Gräber mit Grabsteinen versehen und Friedhöfe zum beliebten Ausflugsziel. Im Zuge dieser Emotionalität und Empfindsamkeit kam es außerdem zu einer Individualisierung der Trauer und schon damals fand das Sterben hauptsächlich im Privaten und unter Ausschluss der Öffentlichkeit statt (Baur, 2005).

3.1.5 Der ins Gegenteil verkehrte Tod

Der wohl deutlichste Bruch in unserer Sterbekultur lässt sich im Übergang zu der Periode des „ins Gegenteil verkehrten Todes" erkennen. Seit Mitte des 20. Jahrhunderts verliert der Tod seine soziale Komponente, er wird verdrängt und verschwindet zunehmend aus der Gesellschaft (Lehners, 2005). Diese Verleugnung und Tabuisierung der Themen „Tod und Sterben", kann durch verschiedene gesellschaftliche Entwicklungen und historische Ereignisse erklärt werden.

Eine der wichtigsten Entwicklungen im 20. Jahrhundert ist die annähernde Verdopplung der durchschnittlichen Lebenserwartung. Noch vor einhundertfünfzig Jahren lag diese bei nur 35 bis 40 Jahren. Aufgrund schlechter Hygiene und

Ernährung sowie eines unzureichenden ärztlichen Versorgungssystems war der schnelle Tod durch Infektionskrankheiten, denen besonders Säuglinge und Kinder, aber auch junge Erwachsene zum Opfer fielen, die Regel. Durch verbesserte Lebensverhältnisse und Fortschritte in der Medizin haben sich die Todesursachen im letzten Jahrhundert drastisch verändert. Rund 80 Prozent der Deutschen sterben heute an Erkrankungen des Herz-Kreislauf-Systems, an Krebs oder an degenerativen Alterserkrankungen. Ein langer Sterbeprozess, oft verbunden mit Schmerz, Leid und Einsamkeit ist in unserer modernen Gesellschaft Normalität (Wilkening, 1998). Der Tod in jungen Jahren ist selten geworden, er ist „zum ersten Mal in der Geschichte unserer Gesellschaft [...] zur eigentlichen Angelegenheit von alten und hochbetagten Menschen" (Streckeisen, 2001, S. 29) geworden. Diese Reduktion der Sterblichkeit in jungen Jahren stellt einen großen Fortschritt dar, bedeutet aber auch, dass man mit Tod, Sterben und Sterbenden seltener in Berührung kommt und somit der selbstverständliche Umgang damit verlernt wird (Heller, 2000).

Im Zuge der Aufklärung hat die Wissenschaft zunehmend an Bedeutung gewonnen, Religion und der trostspendende Glaube an ein Leben nach dem Tod wurden dagegen immer unwichtiger und die romantische Weltvorstellung wich einer kühlen Sachlichkeit. Gefühle werden in einer Zeit der „Großstadtmenschen", in der „jeder sich selbst am nächsten ist und mit seinem Nachbarn nie ein Wort gewechselt hat" (Busch, 2010, S. 5) kaum noch öffentlich zum Ausdruck gebracht. Ariés (2009) zufolge liegt das daran, „dass man [...] heutzutage die Perfektion des Absoluten abverlangt [...], das Vertrauen zwischen den Menschen [also] entweder total oder gleich Null [ist]" (S. 785). Der Mangel an Emotionalität hat dazu geführt, dass Gefühle immer weniger zum Ausdruck kommen und somit auch das Sprechen über den Tod zu einer unerträglichen Belastung geworden ist.

Im Zusammenhang mit diesen Entwicklungen steht eine gewisse Privatisierung des Sterbens. In unserer beschleunigten, von hohem Lebenstempo geprägten und leistungsorientierten Gesellschaft gibt es keine Zeit und keinen Platz mehr für den Tod. Die Allgemeinheit (und ihre Produktivität) soll davon nicht gestört werden, sie soll „ihre Aufgaben ohne emotionale Anteilnahme und ohne Hindernis" (Ariés, 2009, S. 753) fortsetzen können. Das funktioniert am besten, indem man den Tod reguliert und organisiert und die Sterbenden in Krankenhäuser oder Alten- und Pflegeheime auslagert, wo sie die Gesellschaft nicht behindern können.

Seit den 1950er-Jahren ist der Tod im Krankenhaus zur Regel geworden. Aus einer Studie der DAK Gesundheit aus dem Jahr 2016 geht hervor, dass gut 75 Prozent aller Deutschen im Krankenhaus oder Pflegeheim sterben und das, obwohl lediglich 6 Prozent tatsächlich den Wunsch äußern, in einer solchen Institution zu sterben. Diese Verlagerung des Sterbens in Institutionen ist verbunden mit einer Trennung von persönlichen Bezugspersonen und dem sozialen Umfeld, was die soziale Isolation und die Einsamkeit des Sterbenden nochmals verstärkt. Da sich der ökonomische Grundgedanke unserer Gesellschaft auch schon im Gesundheitswesen durchgesetzt hat, werden hier Rationalisierungsprozesse angewendet, die auf Effizienz und Effektivität zielen, wodurch die individuellen Bedürfnisse des Sterbenden in den Hintergrund gedrängt werden. Hinzu kommt, dass sich die Patienten in einem fremden System den Regeln des Pflegepersonals zu unterwerfen haben, wodurch ein Abhängigkeitsverhältnis entsteht und ein Mensch mit eigener Persönlichkeit in die Rolle des zu behandelnden Patienten gedrängt wird. Der Sterbende erhält den Status einer Abnormität, dem aufgrund der Möglichkeiten der modernen Medizin beim Sterben zu helfen und Leiden zu lindern, aber auch das Leben trotz schwerer Erkrankung verlängern zu können, kaum etwas anderes übrigbleibt, als sich der Weisheit der Ärzte anzuvertrauen (Thönnes, 2013). Aufgrund der Monopolstellung der Mediziner und der Technisierung des Todes, wird „die Deutungsmacht, was der Tod ist, [...] den technischen und wissenschaftlichen Experten übergeben" (Knoblauch, 2007, S. 191). Durch die Rationalisierung der Gesellschaft, den ökonomischen, wissenschaftlichen und technischen Fortschritt und dem damit einhergehenden Bedeutungsverlust von Religion und dem Glauben an ein Leben nach dem Tod, wird der Tod sinnlos (Feldmann, 2010). Er gilt heute als etwas Endgültiges und somit als ein Scheitern der Medizin, er ist kein natürliches Phänomen mehr, sondern „ein Fehlschlag, ein business lost" (Ariés, 2009, S. 751). Mit allen Mitteln wird daher versucht, dem Tod zu entgehen und ihn, sei es auch nur für wenige Stunden, hinauszuzögern. Unsere moderne Gesellschaft mit ihren vielen Eigenarten sucht sich einen neuen Weg im Umgang mit Tod und Sterben.

Im Zeitalter der Industrialisierung, Rationalisierung und Individualisierung wird, wie die Lebensführung im Allgemeinen, auch der Tod anonymer. Der Tod in der Moderne wird aus dem Rahmen der Familie in professionelle Institutionen verlagert, von denen die Gesellschaft möglichst ferngehalten werden soll. Mit dem Verschwinden des Todes aus dem Alltag geraten Umgangsweisen mit Tod und Sterben, die sich über Jahrtausende tradiert haben, in Vergessenheit, weshalb unsere Kultur neue Wege im Umgang mit diesen Themen schaffen muss. Ökonomisierung, Institutionalisierung, Medikalisierung sowie die kollektive Verdrängung des Todes stellen den modernen Versuch dar, den Tod und somit auch die Angst vor diesem, ein Stück weit zu beherrschen.

3.2 Die neue Sichtbarkeit des Todes

Angesichts der Beschreibungen, wie die moderne Gesellschaft mit den Themen Tod und Sterben umgeht, kann man behaupten, dass unsere Gesellschaft „eine todesvergessene Gesellschaft ist, die den Tod verdrängt" (Hoffmann, 2011, S. 152). Paradoxerweise zeigen aber genau diese Themen eine erstaunliche Präsenz im öffentlichen Diskurs. Gibt man beispielsweise das Stichwort „Sterben" bei Google ein, erhält man über 700.000 Ergebnisse, es vergeht kaum ein Tag an dem im Fernsehen, Rundfunk oder in den Tageszeitungen nicht vom Sterben die Rede ist und Krimis und Thriller zählen in Deutschland zu den beliebtesten Film- und Literaturgenres (Blinkert, 2003). Auch auf medizinischer Dimension zeichnen sich in den letzten Jahren bedeutsame Änderungen im Umgang mit dem Tod ab. Unter Fachleuten und innerhalb der Bevölkerung wird über die Debatte um das „gute Sterben" diskutiert, wobei man sich einig ist, dass jenes Sterben, das nicht verdrängt, sondern bewusst und im gewohnten, familiären Umfeld erlebt wird, als „gutes Sterben" bezeichnet werden kann. Mit derartigen medizinethischen Debatten scheint das Redeverbot, mit welchem der Tod lange Zeit belegt war, ein Stück weit aufgehoben zu werden und der Tod fungiert nicht länger als ein absolutes Tabuthema, wie es noch Mitte des 20. Jahrhunderts der Fall war (Anderson, 2018). Dank dieser begrüßenswerten Entwicklungen muss die Verdrängungsthese des Todes auf den Prüfstand gestellt werden, denn „all diese Argumentationslinien moderner Selbstkritik wirken ein wenig antiquiert. Sie verfehlen die reale Vielfalt der tatsächlichen Erscheinungsformen des Todes ebenso wie die Spielarten seiner philosophischen und ästhetischen Diskussion" (Macho, 2012; zitiert nach Ebd., S.19 f.). Die verschiedenen gesellschaftlichen Entwicklungen, durch die es zu einer deutlicheren Wahrnehmung von Tod und Sterben gekommen ist, fassten Thomas Macho und Kirsten Marek (2007) unter dem Begriff „neue Sichtbarkeit des Todes" zusammen, der sich schnell als Formel in akademischen und wissenschaftlichen Diskussionen etabliert hat, wodurch Sterben und Tod derzeit immer häufiger zum Thema in medizinischen und psychologischen Forschungsprojekten oder in sozialwissenschaftlichen Analysen wird (Anderson, 2018).

Bei dieser neuen Sichtbarkeit des Todes handelt es sich vordergründig um eine neue Sichtbarkeit des Sterbens und des toten Körpers, die Trauer sowie trauernde Hinterbliebene bilden dabei jedoch „eine Art blinden Fleck im Feld der neuen Sichtbarkeiten" (Schaub, 2016, S. 141). Trauer stellt im Vergleich zu den Themen Tod und Sterben den Bereich dar, der am langsamsten und nur in wenigen, ganz bestimmten Kontexten öffentlich wahrnehmbar wird und von der Gesellschaft noch immer gerne tabuisiert wird. Dieser „blinde Fleck", also das Thema „Trauer in der modernen Gesellschaft" wird im Folgenden genauer betrachtet und die Fragen, inwieweit die moderne Gesellschaft einen natürlichen Umgang mit Trauer erschwert und mit welchen Folgen das Verdrängen und Unterdrücken von Trauer für das Individuum sowie für die Gesellschaft einhergeht, sollen in diesem Zusammenhang bestmöglichst beantwortet werden.

4 Trauer in der modernen Gesellschaft

Das Lied „You'll never walk alone" – „Du wirst niemals alleine gehen" wurde während der Trauerfeier des Nationaltorwarts Robert Enke gesungen und rund 40.000 Trauergäste sowie viele weitere Zuschauer an den Fernsehern konnten erfahren, wie wohltuend es ist, sich in der Trauer mit anderen Menschen verbunden zu wissen (Titulaer, n.d.). Eine solch große Anteilnahme erlebt man häufig nach dem Tod berühmter Personen, anders verhält es sich jedoch mit dem Tod von Menschen in unserer unmittelbaren Umgebung. Der Tod, der uns persönlich betrifft „ist wirklich, er greift in unser Leben ein. Er stört und verstört" (Scheuring, 2004, S. 14). Der Umgang mit diesem scheint uns schwer zu fallen, es verschlägt uns die Sprache, sobald der Tod uns zu nahekommt. Im Alltag werden trauernde Menschen von der Gesellschaft alleingelassen, ihre Trauer findet einsam statt und wird in unserer modernen Welt gerne ins Abseits gestellt und weitmöglichst verdrängt. Dabei leben wir doch in einer fortschrittlichen und offenen Gesellschaft, in der es keine Tabus zu geben scheint. In dieser modernen Zeit jedoch, „in der man angeblich über alles reden kann, bleibt Trauer als Thema normalerweise ausgeklammert. Dafür gibt es viele Gründe. Über Trauer zu sprechen macht keinen Spaß, und es passt nicht in unsere Spaß-Gesellschaft. Über Trauer zu sprechen verlangt Ernsthaftigkeit" (Ebd., S. 13).

Trauer in der modernen Gesellschaft lässt sich wohl am besten mit den Begriffen „Individualisierung, Privatisierung, Verinnerlichung und Entritualisierung, vielleicht auch Professionalisierung und Technisierung" (Michaels, 2005, S. 9; zitiert nach Bodea, 2013, S. 58) beschreiben. Trauer im modernen Westen ist „einsam, innen, psychisch, privat und ohne Form. Ist sie deshalb, wie man immer wieder hört und liest, schwerer, verzweifelter, ohne Ende, traumatischer?" (Ebd.). Dieser Frage, ob und inwieweit die Trauer in der heutigen Zeit und ein natürlicher Umgang mit dieser durch gesellschaftliche Faktoren erschwert und dadurch verzweifelter und traumatischer wird, soll in diesem Kapitel nachgegangen werden. Dazu wird zunächst definiert, was unter einem natürlichen Umgang mit Trauer zu verstehen ist, um anschließend drei ausgewählte Entwicklungen der modernen Gesellschaft und ihren Einfluss auf den natürlichen Umgang mit Trauer genauer zu beschreiben. Es ist keine Seltenheit, dass die moderne Gesellschaft mit ihren Normen und Werten von Betroffenen eine Unterdrückung und Verdrängung ihrer individuellen Trauer verlangt. Mit welchen Folgen eine solche Unterdrückung von Gefühlen und insbesondere von Trauer für das Individuum sowie für die Gesellschaft einhergeht, soll im Anschluss daran dargestellt werden.

4.1 Der natürliche Umgang mit Trauer

Um die Frage beantworten zu können, ob die moderne Gesellschaft einen natürlichen Umgang mit Trauer erlaubt, ist zunächst einmal zu klären, was Trauer ist und wie ein natürlicher Umgang mit ihr aussieht. Trauer ist wohl die intensivste und schmerzhafteste Emotion in der breiten Palette menschlicher Emotionen. „Ohne Trauer wäre der Mensch kein Mensch [...], [denn] nur der Mensch hat die Verarbeitung des Verlusts eines Artgenossen zu einer Kultur werden lassen" (Michaels, 2013, S. 8). Trauer wird häufig als Preis dafür verstanden, dass wir soziale Bindungen eingehen und Liebe empfinden können, denn „wenn es sich wirklich ‚lohnen' würde, keinen Schmerz bei Verlust [...] zu empfinden, gäbe es weder Kultur noch Gesellschaft" (Ebd.). Das Wort „trauern" stammt von dem alt- und mittelhochdeutschen Wort „truren" und bedeutet ursprünglich „die Augen niederschlagen" oder „den Kopf sinken lassen". Trauer kennzeichnet im Sprachgebrauch generell einen Schmerz über einen Verlust oder eine tiefe Betrübnis (Schäfer, 2011). In der Literatur findet man verschiedene Definitionen von Trauer, die sich jedoch in dem Punkt einig sind, dass es sich dabei um „eine [...] psychische Reaktion des Menschen auf Verlusterfahrung" (Klumpp, 2006, S. 288) handelt. Der Mensch wird in seinem Leben mit verschiedenen Arten von Verlusten konfrontiert, wobei ich mich in dieser Arbeit auf die Verlusterfahrung nach dem Tod einer nahestehenden Person beschränke. Die Bestimmung des Begriffs der Trauer als Verlustreaktion hat zum Vorteil, dass dadurch die positive und sinnvolle Funktion der Trauer als Bewältigung von Verlusten betont wird. Oftmals wird die Definition dadurch erweitert, als dass Trauer als normal und von „höchster Wichtigkeit für die Gesundheit des Menschen" (Kast, 2012, S. 21) beschrieben wird. Sie ist demnach keine Krankheit, Fehlfunktion oder ein Zeichen von psychischer Schwäche, sondern vielmehr ein „normaler, gesunder und psychohygienisch notwendiger Prozess der Verarbeitung von einschneidenden Verlusten und Veränderungen" (Lammer, 2004, S. 3). Im kulturökonomischen Sinne gehört Trauer zu den „Kosten" sozialer Bindungen. „[Sie] ist der Preis, den wir dafür zahlen, Liebe zu empfinden" (Michaels, 2013, S. 8). Andere Trauerdefinitionen betonen wiederum die vielfältigen und bekannten Erscheinungsformen von Trauer, wie Niedergeschlagenheit, Antriebslosigkeit, Verzweiflung sowie Angst, Wut und Schuldgefühle, mitunter aber auch freudige Gefühle oder Veränderungen in dem Bereich der Psyche, des Geistes, des Körpers und des Verhaltens und bezeichnen Trauer als „so individuell, wie unsere Fingerabdrücke es sind" (Volkan & Zintl, 2000, S. 19).

Es existiert eine Vielzahl von Theorien, die sich mit der Emotion „Trauer" befassen und versuchen, diese zu erklären. Da ein umfassender Überblick über all diese Theorien den Rahmen der Arbeit jedoch sprengen würden, bezieht sich die folgende Ausarbeitung hauptsächlich auf den Erklärungsansatz des griechischen Psychotherapeuten Jorgos Canacakis, dessen Idee von „natürlichem" und „sinnvollem" Trauern meinen persönlichen Ansichten am besten entspricht. Für Canacakis (1987) ist die Trauer eine „spontane, natürliche, normale und selbstverständliche Antwort unseres Organismus, unserer ganzen Person auf Verlust" (S. 28), wobei sie in ihrer Intensität und Ausdrucksweise sehr unterschiedlich sein kann. Er betont dabei besonders, dass Trauer ein Geschenk der Evolution, eine angeborene Ausstattung und keine Krankheit ist, die jedoch krank machen kann, wenn sie sich nicht auf natürlichem Wege ausdrücken kann. Natürliche Trauer beschreibt Canacakis als eine Art von Trauer, in der es möglich ist, seine Gefühle frei auszudrücken, dabei von keinen gesellschaftlichen Normen eingeschränkt zu werden und einen individuell als angemessen empfundenen Trauerprozess durchlaufen zu können.

4.2 Gesellschaftliche Faktoren, die einen natürlichen Umgang mit Trauer erschweren

> Die ersten Monate bekämpfte ich es. Versuchte weiter zu funktionieren. [...] ‚Warum glauben Sie, dass Sie funktionieren müssen?' fragte mich meine Therapeutin. Ich wusste mit dieser Frage nichts anzufangen. Weil Funktionierenmüssen eine Selbstverständlichkeit war. Weil ich niemanden kannte, der monatelang einfach ausfiel. Weil ich offene Trauer eigentlich gar nicht kannte. Ich fühlte mich schuldig, weil andere scheinbar besser mit dem Verlust ihnen nahestehender Menschen zurechtkamen. Zweifelte daran, dass der Tod eines Freundes eine solche Wucht rechtfertigte. [...] Es gab Menschen in meinem Umfeld, die das kritisch sahen. Sie sorgten sich, ob eine derart intensive Form von Trauer gut sein könnte. Manche verstanden rundheraus nicht, was ich da tat. ‚Menschen sterben eben. Was machst du denn den ganzen Tag?' war nur eine von vielen Reaktionen [...] (Kraft, 2016, Abs. 5 f.).

Diese Gedanken von Caroline Kraft, die im Jahr 2015 einen guten Freund verloren hatte, sowie die Reaktionen ihres sozialen Umfeldes auf ihren Trauerprozess, zeichnen das typische Bild unserer Gesellschaft im Umgang mit Trauer und Trauernden ab. Das individuelle Trauerverhalten eines jeden Menschen wird auf enorme Art und Weise von der Gesellschaft und ihren jeweiligen Normen und Werten beeinflusst, indem sie dem Trauernden vorschreibt, was eine adäquate Form von Trauer ist, welche Trauerreaktionen nicht angemessen sind, über wen getrauert werden darf und wie lange ein Trauerprozess anhalten soll und darf. Diese vorgefertigten Trauerverhaltensmuster sind eine Folge und Erscheinung der nach-industriellen Gesellschaft, „die von der Unfähigkeit zu trauern gekennzeichnet [ist]" (Bodea, 2013, S. 57). Die moderne Gesellschaft hat das Trauern zu einem Stör-faktor gemacht, hat es privatisiert und entritualisiert und eine Unterscheidung in richtiges und falsches Trauern vorgenommen. Im Folgenden sollen diese gesell-schaftlichen Entwicklungen, durch die ein natürlicher Umgang mit Trauer er-schwert wird, beschrieben werden.

4.2.1 Die Idee vom falschen und vom richtigen Trauern

In dem 1917 veröffentlichten Aufsatz „Trauer und Melancholie" des Psychoanaly-tikers Sigmund Freud wurde die Emotion „Trauer" zum ersten Mal zum Gegenstand wissenschaftlicher Untersuchungen gemacht. Trauer ist nach Freud eine normale, notwendige und unvermeidliche Reaktion auf den Verlust eines geliebten Objektes, wobei er zwischen dem „Normalaffekt der Trauer" und seelischen Erkrankungen, die er unter dem Begriff der „Melancholie" zusammenfasst, unterscheidet. Der Be-gründer der Psychoanalyse prägte zudem den Begriff der „Trauerarbeit". In dieser wird von dem Trauernden verlangt, alle Libido von dem verlorenen Objekt abzu-ziehen, also die enge Verbundenheit und emotionale Bindung zu dem Verstorbenen erst zu lockern und schließlich loszulassen. Dieser Prozess des Loslassens ist ein aktiver Prozess, in dem die einzelnen Erinnerungen an die verlorene Person durch-schritten werden müssen, um dadurch den Verstorbenen zu verabschieden. Verar-beitet ist der Verlust erst dann, wenn keine emotionale Bindung zu der verstorbe-nen Person mehr besteht (Metz, 2011). Gelingt dieses Loslassen und Verarbeiten nicht, tritt bei manchen Hinterbliebenen anstelle der normalen Trauer die patho-logische Melancholie, die durch eine „tiefschmerzliche Verstimmung, eine Aufhe-bung des Interesses für die Außenwelt und die Herabsetzung des Selbstgefühls" (Schmidt-Hellerau, 2006, S. 335; zitiert nach Bodea 2013, S. 26) charakterisiert ist, ein.

Eine Einteilung in normale und pathologische Trauer, wie Freud es vor 100 Jahren in einem theoretischen, nicht anwendungsorientierten Konzept, das von fast kei-nen Forschungsergebnissen gestützt wurde, vollzogen hat, findet auch heute noch in der klinischen Praxis statt und prägt damit die gesellschaftlichen Vorstellungen von „richtiger" und „falscher" Trauer.

4.2.1.1 Die normale oder „richtige" Trauer

Die Funktion normaler Trauer ist, nach moderner klinischer und gesellschaftlicher Auffassung, die Anpassung „de[s] Trauernde[n] an eine Welt [...], welche durch den Verlust tiefgreifend und unwiderruflich verändert worden ist" (Flüeler & Forstmeier, 2013, S. 427). Im Laufe des Trauerprozesses können dabei unterschiedliche Beschwerden auftreten, die sich bei der normalen Trauer nach einer gewissen Zeit jedoch wieder zurückbilden und somit nicht mit einer klinisch relevanten Störung einhergehen. Eine normale und unkomplizierte Trauerreaktion ist gekennzeichnet durch eine allmähliche Anpassung an die neue Realität, durch Rückzug und häufigem Weinen, jedoch ohne gesundheitliche Folgen und durch einen kurzfristigen Rückzug im sozialen Bereich, wobei aber auch hier langfristige negative Folgen ausbleiben (Buchmann, 2017). Der normale Trauerprozess wurde in einer Reihe von Theorien und Phasenmodellen beschrieben, denen ein bestimmter systematischer Verlauf des Trauerprozesses zugrunde liegt. Kast (2011) unterscheidet beispielsweise vier Phasen, die nach einem Verlust erlebt werden:

1. „Phase des Nicht-wahrhaben-Wollens"

   Die Nachricht des Todes eines geliebten Menschen löst einen Gefühlsschock aus. Die trauernde Person scheint empfindungslos und fühlt sich selbst „wie tot", sie will die Realität nicht wahrhaben und leugnet den Verlust.

2. „Phase der aufbrechenden Emotionen"

   Sobald die Realität akzeptiert wurde, bricht ein regelrechtes Gefühlschaos aus. Wut, Trauer, Angst, Zorn, Schmerz, Niedergeschlagenheit, Schuldgefühle usw. stellen sich ein und können sich gegen Familie, Freunde, Fremde, gegen das Schicksal oder auch gegen die verstorbene Person richten.

3. „Phase des Suchens und Sich Trennens"

   In dieser Phase findet eine innere Auseinandersetzung mit dem Verstorbenen statt. Es werden zum Beispiel Orte aufgesucht, die der Verstorbene mochte, in den Gesichtern anderer Menschen werden Züge des Verstorbenen entdeckt und es wird nach Möglichkeiten gesucht, Teile der Beziehung zu erhalten, indem beispielsweise Geschichten über den Verstorbenen erzählt werden. In dieser Phase bereitet sich der Trauernde darauf vor, ein Weiterleben ohne den Verstorbenen zu akzeptieren, nicht aber ihn zu vergessen.

4. „Phase des neuen Selbst- und Weltbezugs"

Hier wird der Verstorbene zu einer Art innerer Begleiter und Lebensmög-
lichkeiten, die zuvor an die gemeinsame Beziehung gebunden waren, inte-
griert der Trauernde in sein eigenes Leben. Die Gedanken und Handlungen
des Trauernden kreisen nicht mehr ständig um den Verstorbenen, es wird
wieder möglich, das eigene Leben zu gestalten. In dieser Phase ist ein großer Teil der Trauerarbeit bereits abgeschlossen.

In diesem Modell und in weiteren Phasenmodellen, wie denen von Kübler-Ross
(1969), Bowlby (1983) oder Volkan & Zintl (2000), wird die normale Trauer als
kurzfristiger und linearer Prozess verstanden. Sie beinhalten die Idee des Fort-
schritts und geben die Loslösung von den Verstorbenen, das Verblassen von Erinnerungen, die Bewältigung des Verlustes und damit das Vergessen als normatives
Ziel der Trauerarbeit vor (Jakoby, 2014). Diese Idee hat die aktuelle Trauerpsycho-
logie übernommen und stützt sich damit auf den von Sigmund Freud (1913) for-
mulierten Grundgedanken „Die Trauer hat eine ganz bestimmte psychische Aufgabe zu erledigen, sie soll Erinnerungen und Erwartungen des Überlebenden von
den Toten ablösen" (S. 82 f.; zitiert nach Haas, 2003, S. 121). Auch heute noch wird
der Prozess des Trauerns als „Trauerarbeit" beschrieben, in der es gilt, den Tod des
Verstorbenen als Realität anzuerkennen, zu akzeptieren, dass der Verstorbene
nicht mehr da ist und ein neues Leben ohne den Verstorbenen aufzubauen. Heutige
psychologische Theorien halten „Trauer für ein Mittel zur ‚Normalisierung' [...], zur
Rückkehr in ein psychisch gesundes, funktionierendes Leben, in dem der Verstorbene keine Rolle mehr spielt, weil der Verlust ‚verarbeitet' worden sei" (Österreichisches Institut für Familienforschung, 1995) und Therapeuten sowie Trauerrat-
geber raten zum Loslassen des Verstorbenen.

In einer Forschung des amerikanischen Religionspsychologen Dennis Klass aus
dem Jahr 1996, konnte jedoch empirisch gezeigt werden, dass viele Hinterbliebene
in einer inneren, weitergehenden Beziehung zum Verstorbenen bleiben (Kachler,
2018). So berichtet beispielsweise jeder zweite Erwachsene mit einer Verlusterfahrung, die Nähe des Verstorbenen noch spüren zu können und sechs Prozent nahmen sogar noch gelegentliche Berührungen wahr (Österreichisches Institut für Familienforschung, 1995). Ein längerfristig geschützter Raum und die Zeit, um sich
auf diese Weise intensiv mit dem Verstorbenen zu beschäftigen, wird in unserer
Gesellschaft jedoch kaum gewährt. Eine solche Art von Erfahrung, die Hinterbliebene in ihrer Trauer gemacht haben, entspricht nicht den psychologischen Theorien von Trauer und wird demnach als „Zeichen seelischer Unreife oder sogar [als]

Verrücktheit" (Ebd., Abs. 1) klassifiziert, wobei die ungeheure Sehnsucht nach dem Verstorbenen, die Hinterbliebene beschreiben, weder gesehen noch verstanden wird und ein Festhalten an der verstorbenen Person nicht nur nicht akzeptiert, sondern sogar pathologisiert wird (Kachler, 2005).

4.2.1.2 Die pathologische oder „falsche" Trauer

Pathologische oder komplizierte Trauer beschreibt die Entwicklung vom Verlust eines nahestehenden Menschen durch den Tod bis zur seelischen Störung. Im Gegensatz zur normalen Trauer ist die pathologische Trauer durch einen Trennungsschmerz gekennzeichnet, dessen Intensität auch Monate nach dem Trauerfall nicht abklingt. Sie ist verbunden mit starken und impulsiv-emotionalen Reaktionen, selbstschädigendem Verhalten, Panikattacken, depressiven Phasen, exzessiver Reizbarkeit, Intrusionen und dem Gefühl der inneren Leere sowie allgemeiner Sinnlosigkeit. Es gelingt keine Anpassung an die neue Wirklichkeit, was zu Einbußen im Bereich des beruflichen Funktionierens oder zur Vereinsamung führen kann (Buchmann, 2017). Depression in Kombination mit Angst und Hypochondrie ist das Hauptsymptom. Ein weiterer Faktor der pathologischen Trauer umfasst ein dauerhaftes Fehlen des bewussten Kummers und eine hohe Anfälligkeit für psychologische oder physiologische Erkrankungen (Bowlby, 1983; zitiert nach Bodea, 2013). Pathologische Trauer bezieht sich auf Abweichungen von den normativen Phasenverläufen. Die diagnostischen Kriterien richten sich dabei primär nach Zeitdauer und klinischer Symptomatik der Trauer, die auf spätere Beeinträchtigungen von beruflichen und sozialen Aktivitäten hinweisen (Jakoby, 2014).

Obwohl an dieser Einteilung in normale und pathologische Trauer heute viel Kritik geübt wird, soll die Diagnose der anhaltenden Trauerstörung, welche neben der verzögerten, der übertriebenen und der verdrängten Trauer eine Form der pathologischen Trauer darstellt, in das kommende Klassifikationssystem von Krankheiten und Gesundheitsproblemen ICD-11 aufgenommen werden. Um die Diagnose einer anhaltenden Trauerstörung vergeben zu können, entwickelten Jordan & Litz (2014), Maercker (2013) und Prigerson (2009) folgenden Diagnosevorschlag:

A. Das Diagnostische Kriterium für die anhaltende Trauerstörung ist dann er-
    füllt, wenn die Trauersymptomatik sich durch den Tod einer nahestehenden
    Person entwickelt hat.

B. Eine anhaltende Trauerstörung kann nur dann diagnostiziert werden, wenn
    die Trauerreaktion außerhalb der normativen Erwartungen des kulturellen
    Kontextes der Person liegen (mindestens als sechs Monate nach dem Tod).

C. Trennungsschmerz: Das Gefühl von starker Sehnsucht und Suchen nach der
    verstorbenen Person, welches sowohl körperliches als auch emotionales Lei-
    den fast täglich hervorruft.

D. Psychosoziale Schwierigkeiten: Die Belastungen haben klinischen Krank-
    heitswert und behindern die betroffene Person in allen wichtigen Lebensbe-
    reichen.

E. Zusätzlich sollten fünf oder mehr der folgenden Symptome täglich oder zu
    einem beeinträchtigenden Ausmaß auftreten

a. Unsicherheiten bezüglich der eigenen Gefühle oder der Rolle im Leben

b. Schwierigkeiten, den Verlust zu akzeptieren

c. Vermeidung von Erinnerungen an den Verlust

d. Unfähigkeiten, andere Menschen seit dem Verlust zu vertrauen

e. Gefühl von Verbitterung und Wut im Bezug auf den Verlust

f. Schwierigkeiten mit dem Leben voranzugehen

g. Emotionale Taubheit

h. Einsamkeitsgefühle und Sinnlosigkeit seit dem Tod

i. Gefühl von Schock und Erstarrung seit dem Verlust

(zitiert nach Wagner, 2016, S. 253).

Die Aufnahme dieser Diagnose erfolgt mit dem Ziel, denjenigen Personen, die in
ihrem Trauerprozess auf Hilfe angewiesen sind, die Möglichkeit einer psychologischen Unterstützung zu bieten (Wagner, 2016). Dennoch beinhaltet die Konzipierung von anhaltender Trauer als psychiatrische Diagnose einige Widersprüche zu
dem in der Literatur beschriebenen Verständnis von Trauer. Die Aufnahme der anhaltenden, also pathologischen Trauer in das Klassifikationssystem von Krankheiten suggeriert dem betroffenen Individuum, dass pathologische Trauer als

Krankheit zu verstehen ist. Es ist jedoch bewiesen, dass sich eine anhaltende Trauerstörung qualitativ nicht von der normalen Trauer unterscheidet, da die in den diagnostischen Kriterien aufgelisteten Symptome alle auch in den ersten Wochen und Monaten nach dem Tod einer nahestehenden Person auftreten können (Wakefield, 2013; zitiert nach Wagner, 2016). Der einzige Unterschied zwischen normaler und anhaltender Trauer scheint demnach tatsächlich der vorgegebene Zeitraum von sechs Monaten nach dem Verlust zu sein, nach dem die Symptome abgeklungen sein sollten (Wagner, 2016). Dieser Zeitraum entspricht, nach dem Diagnosevorschlag für die ICD-11, den normativen Erwartungen der Gesellschaft, weshalb weder pathologische noch normale Trauer als Eigenschaft des Individuums konzipiert werden kann und man pathologische Trauer somit auch nicht als interne psychische Dysfunktion, beziehungsweise als Krankheit beschreiben kann. Durch die Unterteilung in pathologische und normale Trauer und die Konzipierung der anhaltenden Trauer als Krankheit, kann ein natürlicher Trauerprozess kaum noch stattfinden, da jede Art von individueller Trauer, die mit großer Intensität einhergeht, länger als sechs Monate anhält oder von den typischen Trauerphasen abweicht, pathologisiert und somit als „krank" oder „nicht richtig" verstanden werden kann (Ebd.).

4.2.1.3 Das Konzept der „Disenfranchised Grief"

Wie sehr die Gesellschaft mit ihren Normen und Werten Trauernde in ihrem natürlichen und individuell als angemessen empfundenen Trauerprozess einschränkt, zeigt sich besonders gut an dem von Dr. Ken Doka im Jahr 1989 entwickelten Konzept der „Disenfranchised Grief", zu Deutsch „aberkannte, entrechtete oder sozial nicht anerkannte Trauer", das eine normative Hierarchisierung von Verlusten beschreibt. Dokas zentrale Annahme ist, dass Trauerprozesse normativen Verhaltensspielregeln folgen, durch die von der Gesellschaft bestimmt wird, wer einem Individuum nahestand, um wen er zu trauern hat, bei welchen Verwandten oder Freunden es sich nicht gehört, intensiv zu trauern und vor allem, wie lange der Trauerprozess anhalten soll und darf (Brinkmann & Paul, 2015).

> Das Vertrackte an alledem ist, dass, wenn man trauert, die Leute an einem herumnörgeln, man solle wieder besserer Stimmung sein; trauert man aber nicht, so setzen sie einem zu, man solle trauern. Sie geben sich mit einem gewissen Ausmaß an Trauer zufrieden, aber nicht mit zu viel. [...] Aber die Gesellschaft hat eine irrwitzige Vorstellung davon, was ‚richtig' ist. Vergießt man nicht eine Träne, so ist man kalt und psychotisch; weint man dagegen jahrelang, so schütteln sie den Kopf und die eigenen Freunde beginnen unter Umständen sogar einen anzuschreien man solle sich

zusammenreißen (Ironside, 1996, S.85; zitiert nach Jakoby, Haslinger & Gross, 2013, S. 254).

Ein Hinterbliebener kann gesellschaftliche Anerkennung seiner Trauer und Unterstützung erwarten, solange seine Verluste und Trauerreaktionen den aktuell gültigen Normen entsprechen. Gefühle wie Verzweiflung, Wut und Aggression, die vor allem in der ersten Trauerzeit häufig auftreten und von Spiegel (1973) als „Bewältigungsmechanismen" beschrieben werden, entsprechen beispielsweise nicht den gesellschaftlichen Normen, die eher in die Richtung gehen, Tote zu ehren und zu idealisieren. Sozial anerkannte Formen, diese Art von Gefühlen in Form von Protest gegen den Verlust und aktiver Klage auszusprechen oder auszuagieren, sind in unserer Gesellschaft demnach rar. Bei zu heftigen und nicht der gesellschaftlichen Norm entsprechenden Gefühlsausbrüchen kann zwar eine schnelle „Lösung" durch Beruhigungsmittel stattgegeben werden, womit das Bild von pathologischer Trauer, die „geheilt" werden kann, weiter verstärkt wird, eine verständnisvolle, zwischenmenschliche Unterstützung wird dem Trauernden jedoch verwehrt (Brinkmann & Paul, 2015).

Aber nicht nur bei „unangemessenen" Reaktionen, sondern auch bei bestimmten Arten von Verlusten, wird Trauer von der Gesellschaft aberkannt. In der Regel werden nichtverwandschaftliche Familienbeziehungen als weniger intensiv angesehen als eine Blutsverwandschaft. Trauer über den Verlust von Freunden, Kollegen oder Nachbarn erfährt nicht die gleiche Anerkennung wie Trauer bei einem Verlust innerhalb der Familie. Aber auch innerhalb von Verwandschaftsbeziehungen existiert eine Hierarchie, wobei davon ausgegangen wird, dass Geschwister und Großeltern weniger intensiv trauern als Eltern, Kinder und Partner. Durch diese Geringschätzung von Verlusterlebnissen derjenigen Personen, die zum Verstorbenen in einer aberkannten Beziehung standen, wird ihr Trauerprozess marginalisiert, sie werden in die Mitgestaltung der Abschiedsrituale kaum eingebunden, können keinen Sonderurlaub beantragen und erfahren keinerlei Trost und Unterstützung durch die Gesellschaft (Ebd.).

Neben Beziehungen dieser Art kann auch die Trauerfähigkeit bestimmter Personen aberkannt werden. Sehr junge oder alte Menschen und Menschen mit geistiger Behinderung können nach gesellschaftlichen Vorstellungen einen Verlust als solchen nicht verstehen. Sie sind demnach auch nicht zum Trauern im Stande, weshalb ihnen ein Todesfall nicht selten verschwiegen wird oder sie von Abschiedsritualen ausgeschlossen und ferngehalten werden. Auch unter welchen Umständen ein Mensch gestorben ist, spielt eine wichtige Rolle, ob Trauer an- oder aberkannt wird. Selbsttötungsdelikte, Tod im Zuge sexueller Aktivität, Drogenabusus oder Schwangerschaftsabbruch werden in der Gesellschaft stark abgewertet und stigmatisiert, weshalb Trauernde diese Ursachen aus Scham häufig verschweigen und somit - nicht ganz freiwillig - auf zwischenmenschliche und professionelle Trauerunterstützung verzichten (Ebd.).

Die sozial nicht anerkannte Trauer gilt als ein Risikofaktor für die Entstehung einer komplizierten Trauer. Trauernde, die keinerlei oder nur wenig soziale Unterstützung in ihrem Trauerprozess erfahren, haben es ungleich schwerer, ihren Verlust zu bewältigen. Wird das Empfinden und Verhalten von der Umwelt in Frage gestellt, geht dies häufig mit Verunsicherungen und Scham- und Schulderleben einher, weshalb Betroffene ihre Trauer nicht selten unterdrücken und verdrängen, um zusätzlichen Konflikten aus dem Weg zu gehen (Müller & Willmann, 2016).

4.2.2 Trauer als Störfaktor in der modernen Gesellschaft

In dieser modernen westlichen Industriegesellschaft, die von einer kapitalistisch-ökonomischen Struktur geprägt und durch Produktivität, Konkurrenz, Funktionalität, Effizienz und Fortschrittsglaube gekennzeichnet ist, erscheint Trauer als „ein Symbol für Verletzlichkeit, Schwäche und intensive Emotionalität und steht [damit] diesen [gesellschaftlichen] Werten diametral gegenüber" (Harris, 2009; zitiert nach Jakoby, Haslinger & Gross, 2013). Vor allem der Bereich der Arbeit, in dem der Leistungsgedanke besonders hervorsticht, nimmt wenig Rücksicht auf die psychische Verfassung des Trauernden, denn „das Ziel ist es, Menschen in einer zeit- und kostensparenden Art und Weise wieder funktionsfähig zu machen und sie zurück an die Arbeit zu bringen" (Granek, 2010, S.48; zitiert nach Jakoby, Haslinger & Gross, 2013). Zwar hat ein Hinterbliebener das Recht, Sonderurlaub zu beantragen, jedoch beträgt dieser in den meisten Fällen maximal zwei Tage und wird auch nur gewährt, wenn es sich um Angehörige ersten Grades, sprich um Eltern, Ehepartner oder Kinder, handelt. Diesen Sonderurlaub sieht das Arbeitsrecht vor, damit sich der Betroffene „mit all den organisatorisch anfallenden Tätigkeiten beschäftigen [...] kann" (Ruff, 2018). Wer nach diesen zwei Tagen noch immer nicht arbeitsfähig ist, benötigt eine Krankschreibung des Arztes. Nach dem Arbeitsrecht muss man also nicht mal länger als sechs Monate trauern, es genügen wohl schon zwei Tage, um als krank „abgestempelt" zu werden (Diek, 2002). Darüber hinaus gaben in einer Studie 84% der Befragten an, dass sie unmittelbar nach ihrer Rückkehr an den Arbeitsplatz, die volle Verantwortung tragen und die normale Arbeitsleistung verrichten mussten und sie keine Rücksichtnahme auf ihren Trauerprozess erfuhren

(Weiss, 1988; zitiert nach Schiefer 2007). Da Trauer die Alltagsroutine unterbricht, ist sie heutzutage zu einem Störfaktor geworden, der schnell beseitigt werden muss und dem mit Selbstkontrolle, Würde und Selbstbeherrschung entgegengewirkt werden soll. Kaspar (1983) bezeichnet die moderne Gesellschaft als „geprägt durch ein Nicht-wahr-haben-Wollen des Leidens" (zitiert nach Voß, 2001, S.44). Trauer, die die Menschen nur behindert, sie „apathisch, oftmals handlungsunfähig und unbrauchbar für die schnelllebige, auf Innovation bedachte Gesellschaft" (Ebd.) macht, muss daher zum Feind erklärt werden.

Mit der im Arbeitsrecht festgeschriebenen Aussage, dass der Sonderurlaub dafür vorgesehen ist, sich „mit all den organisatorisch anfallenden Tätigkeiten [zu] beschäftigen" (Ruff, 2018), wird deutlich, welch hohen Stellenwert die Bürokratie im Gegensatz zu den Gefühlen trauernder Menschen in unserer rational denkenden Gesellschaft hat. Hinterbliebene werden in den Tagen nach dem Tod eines Partners oder nahen Angehörigen mit Amtsgängen und Formalitäten konfrontiert. Häufig fühlen sich Trauernde dadurch überfordert und stellen ihre eigene Trauer gezwungenermaßen hinten an. Der Tote ist in unserer Gesellschaft „nicht mehr zuerst ein betrauerter Familienangehöriger oder Nachbar, sondern er ist ein gesellschaftlich verwaltetes Problem geworden" (Bobert, 2005, S. 57).

Es existieren kulturkritische Vorstellungen, die der modernen Gesellschaft jeglichen „intersubjektiven authentischen Umgang mit Emotionen [...] absprechen" (Schiefer, 2007, S. 144), sie als gefühllos beschreiben und von einer „Abkehr von der Menschlichkeit" sprechen. Diese Vorstellungen können durch den beobachtbaren Trend zur Medikalisierung und Psychiatrierung von Emotionen oder Verhaltensweisen wie Traurigkeit oder Schüchternheit bestätigt werden (Schiefer, 2007). Dadurch, dass Trauer als Gefühl pathologisiert und demnach pharmakologisch behandelt werden kann, wird das Bild einer modernen „Therapiegesellschaft" mit dem Ziel des Strebens nach Selbstoptimierung, was über Erfolg und Schönheit erreicht wird, aufrechterhalten. In dieser Gesellschaft gibt es für Gefühle und insbesondere für Trauer keinen Platz mehr. Sie werden in der Gesellschaft aber nicht nur missbilligt oder gar sanktioniert, sondern das Verdrängen von Gefühlen und das Vermeiden von Trauerreaktionen wird gesellschaftlich sogar bewundert, was sich beispielsweise bei den öffentlichen Trauerfeierlichkeiten von Lady Diana zeigte, bei denen die Prinzen William und Harry für ihre tapfere Haltung gelobt wurden (Jakoby, Haslinger & Gross, 2013).

Schon von klein auf wird den Menschen erzählt und vorgelebt, dass Gefühle uns im Weg stehen und beherrscht werden müssen. Durch Sätze wie „Ist gar nicht so schlimm" oder „Sei nicht traurig", die wohl jeder in seiner Kindheit schonmal gehört hat, werden die individuellen Gefühle grundsätzlich kleingeredet und ein angemessener Umgang mit diesen kann nicht erlernt werden. Stirbt nun ein geliebter Mensch, können die extremen Gefühle wie Wut oder Verzweiflung, die mit der Trauer einhergehen, nur schwer eingeschätzt werden, was häufig Hilflosigkeit und Überforderung zur Folge hat. Diese gesellschaftlich erlernte Gefühlslosigkeit kann sich auch dahingehend äußern, dass nur wenige Menschen angemessene Geduld und Verständnis gegenüber dem Trauernden aufbringen können. Während eine kurze Phase des Trauerns im Allgemeinen noch akzeptiert wird, wird trauernden Menschen nach einiger Zeit häufig das Gefühl vermittelt, dass sie nun genug getrauert hätten und sie erhalten den Ratschlag, „sich von ihrer Trauer abzulenken, um Kontrolle über ihre Verletzlichkeit und Emotionalität zu erlangen und wieder im Alltag funktionieren zu können" (Harris, 2009; zitiert nach Jakoby, Haslinger & Gross 2013, S. 265). Das schnellstmögliche Verarbeiten, Abschließen und Vergessen wird durch gesellschaftliche Werte wie „Fortschrittsglaube", „Zukunftsorientierung" und „Wettbewerbsdenken" als normatives Ziel eines Trauerprozesses festgelegt. Solange dieses Ziel noch nicht erreicht wurde, das Alltagsleben also noch teilweise stillsteht, sind Trauernde in ihrer Funktionalität und Produktivität eingeschränkt und können ihre Rolle in der Gesellschaft nicht mehr ausführen. „Trauer ist in unserer produktiven Gesellschaft etwas bedrohlich Unproduktives" (Hamburger Gesundheitshilfe, 2013, S. 23). Der Druck im Hinblick auf Produktivität und Effektivität, den jedes Mitglied einer Leistungsgesellschaft wohl tagtäglich spürt, lässt immer weniger Zeit für Alter, Krankheit und Tod und besonders für lange Trauerrituale, weshalb diese Themen aus der Öffentlichkeit in das Private verlagert werden mussten.

4.2.3 Privatisierung und Entritualisierung von Trauer

Der Prozess der Individualisierung, also die Auflösung von traditionellen Strukturen und Sozialbindungen zugunsten individueller Autonomie, gilt als charakteristisch für die moderne Gesellschaft und zeigt starke Auswirkungen auf den Umgang mit Sterben, Tod und Trauer. Nach Armin Nassehi und Georg Weber (1989) liegt die Aufgabe eines jeden Gemeinwesens unter anderem darin, eine allgemein gültige Sinngebung des Lebens und des Todes zu leisten, somit den Tod zu erklären und ihn verstehbar zu machen. Da diese Aufgabe zumeist von den Religionen übernommen wird, hat sich im Zuge der Individualisierung und Säkularisierung diese allumfassende Gültigkeit jedoch Stück für Stück aufgelöst und der Tod, die Verantwortung für die Sinngebung des Todes und demnach auch der Umgang mit Trauer hat sich von der gesellschaftlichen in die private Sphäre verschoben (Schäfer, 2011). Aufgrund von Individualisierungs- und Säkularisierungsprozessen sind Hinterbliebene in ihrer Trauer vielfach auf sich selbst verwiesen und können bei Unsicherheiten im Umgang mit der Trauer nur noch in geringem Maße auf geeignete Rituale zurückgreifen. Durch die Entritualisierung, die als „das Nachlassen aller gemeinschaftsbezogenen [und sozial verbindlichen] Riten anlässlich des Todes" (Borckholder, 2015, S. 86) definiert wird und durch die die Ablösung christlicher Traditionen erklärt werden kann, fehlen zudem allgemeingültige Verhaltensmuster für den Umgang von Außenstehenden mit Trauernden, weshalb Trauernde sich heute häufig in einer sozialen Isolation befinden und gemieden werden (Diek, 2002).

Rituale, die im traditionellen Sinne eine soziale Funktion haben, stellen ein wichtiges Ausdrucksfeld der Trauer dar und ihre Notwendigkeit für den Umgang mit einem Verlust wird in der Literatur immer wieder betont. Durch den Tod einer nahestehenden Person wird die äußere Realität eines Menschen massiv beeinträchtigt. Der Tod ist nicht verstehbar, da der Verstorbene weiterhin die subjektive Wirklichkeit der Betroffenen ausmacht, er aber körperlich nicht mehr präsent ist. Diese Situation vermögen auch Riten nicht zu ändern, jedoch ermöglichen sie dem Trauernden, „sinnhaft auf [die Situation] zu reagieren, Trost und innere Sicherheit zurückzugewinnen, die durch die Katastrophe des Verlusts eines Angehörigen bedroht oder zerstört wurde und ohne die innerliche Stützung durch rituelle Akte zur völligen Desorganisation der Persönlichkeit führen kann" (Hahn, 1968, S. 100; zitiert nach Nassehi & Weber, 1989, S. 148). Trauerrituale, die innerhalb einer Gemeinschaft praktiziert werden, haben unterstützende Wirkung für den Trauernden und können „dem Gefühl der Kälte, das der Tod mit sich bringt, einen Halt entgegensetzen" (Schäfer, 2011, S. 89). Einige universelle Trauerpraktiken, wie beispielsweise das Trauerfasten, die Totenwache, das Tragen von Trauerkleidung oder das Zerreißen der Kleidung, finden sich, mit Ausnahme der modernen westlichen Gesellschaften, in allen Kulturen und Epochen wieder. In unserer Kultur stellen lediglich die noch bestehenden Rituale, wie die Trauerfeier und die Beerdigung, die einzigen Momente dar, in denen ein Teilen der Trauer mit der Gemeinschaft erlaubt ist, wobei sich auch hier ein Trend zur weiteren Privatisierung von Trauer zeigt. So findet man in Todesanzeigen immer häufiger die Bitte, von Beileidsbekundungen Abstand zu halten, Bestattungen finden zumeist nur noch im engsten Kreis der Familie statt und anonyme Bestattungen werden immer beliebter. Andere mit der Trauerfeier und Beerdigung verbundene Rituale, wie das gemeinschaftliche Beten für den Toten oder kirchliche Zeremonien wurden im Zuge der Individualisierung und Säkularisierung weitestgehend abgeschafft und werden heutzutage, wenn überhaupt, hinter verschlossenen Türen und im Privaten praktiziert (Schäfer, 2011).

Dennoch gilt die Beisetzung heute als „einziges allgemein übliches Ritual, das in einem Trauerfall als hilfreiche Handlung zur Verfügung steht" (Ebd., S. 107). Indem durch sie der Todesfall öffentlich wird, wird einer Verleugnung des Todes entgegengewirkt und die mit der Beisetzung einhergehende Aktivität kann aus der Erstarrung und dem Zustand des Nicht-Wahrhaben-Wollens herausführen. Canacakis vertritt dagegen die Meinung, dass die „üblichen modernen Abschiedsrituale ihre gewünschte Funktion nicht erfüllen, sondern sich im Gegenteil sogar ungünstig auf Trauernde auswirken" (Ebd.). Sie seien „trocken, sinnentleert, manipulierend, gefühlshindernd, übermäßig einschränkend, stark verpflichtend und [...] für die Trauerproblematik [...] völlig ungeeignet" (Canacakis, 2006, S. 129). Als Grund für seine These nennt Canacakis die zunehmende Professionalisierung und Bürokratisierung von Bestattungen sowie die Umbrüche in der Bestattungskultur, die sich in Form von Veränderungen des Bestattungsrechts und Neugestaltungen von Gesetzestexten zeigen.

Im Bestattungsgesetz wird der Umgang mit der Leiche sowie der Ablauf der Beisetzung genau geregelt und Rechte und Pflichten für die Hinterbliebenen werden festgesetzt. So ist es in Deutschland beispielsweise Pflicht, „unmittelbar nach Eintritt des Todes eine Ärztin bzw. einen Arzt zu rufen, um die ‚Todesbescheinigung' [...] ausstellen zu lassen" (Schäfer, 2011, S. 108) und eine Überführung und hygienische Versorgung der Verstorbenen darf generell erst nach der Ausstellung der Todesbescheinigung stattfinden. Da die meisten Sterbefälle sich heutzutage in Krankenhäusern oder Alten- und Pflegeheime ereignen, werden die Verstorbenen bis zur Überführung in ein Bestattungsunternehmen in den hauseigenen Kühlzellen aufbewahrt. Eine Hausaufbewahrung, die laut Gesetz bis zu 36 Stunden möglich wäre, wird demnach kaum noch in Anspruch genommen. Des Weiteren sieht das Bestattungsgesetz vor, dass Leichen und Aschereste Verstorbener auf Friedhöfen beigesetzt werden müssen, womit die Art des Bestattungsortes gesetzlich fixiert wird und auch der Zeitraum, innerhalb dem der Verstorbene bestattet werden muss, ist im Gesetz festgeschrieben (Schäfer, 2011).

In unserer Gesellschaft scheint Zeit zum Innehalten nach dem Verlust eines nahestehenden Menschen nicht gegeben zu sein. Nach dem Sterben werden die Toten in der Regel schnell in abgelegene Räume gebracht oder zu Bestattungsunternehmen überführt. Die gegenwärtige Trauerkultur ist von einer „Entsorgungsmentalität" gekennzeichnet, an deren erster Stelle die Klärung von Formalitäten und die Organisation der Bestattung steht. „Während früher in den Sterbestunden die Uhr angehalten wurde, greifen wir heute als Erstes zum Telefonhörer und als Nächstes zum Terminkalender" (Bode & Roth, 1998, S. 45). Mit dem zeitlichen Druck und den bürokratischen Angelegenheiten fühlen sich viele Trauernde überfordert, weshalb sie diese häufig in die Hände professioneller Bestattungsunternehmen legen. Münch (1984) weist bei diesen Entwicklungen auf „die Unpersönlichkeit der sozialen Beziehungen, die durchgängige Reglementierung des sozialen Lebens durch den Formalismus der Bürokratie [und auf] die Erstarrung jeglicher individueller Bewegungsfreiheit in einem für den einzelnen unüberschaubaren Gewirr bürokratischer Reglementierungen [...] hin" (zitiert nach Schiefer 2007, S. 95). Seit den 1980er Jahren hat sich das Bild der Bestatter von den sachlich-distanzierten Fachleuten, deren Aufgabe allein die Abwicklung der Formalitäten und die Hilfe bei der Bestattungsorganisation war, hin zu Trauerexperten verändert. Diese haben heutzutage eine wichtige Position im Ritual der Bestattung inne und sind „mit der Versorgung des toten Körpers [...] für das wichtigste Requisit in der Inszenierung der Bestattung verantwortlich" (Hänel, 2003, S. 324). Sie übernehmen zudem die vollständige Versorgung der Toten, sorgen für den reibungslosen Ablauf des Bestattungsrituals und nehmen dabei großen Einfluss auf die Gestaltung des Rituals. Bei Tätigkeiten wie der hygienischen Versorgung und dem Herrichten der Leiche werden Angehörige in den meisten Fällen ausgeschlossen, obwohl gerade dieser Umgang mit dem Körper des Verstorbenen „zu den elementarsten, leibhaftesten Handlungen im Angesicht des Todes gehört" (Fiedler, 2001, S. 51). Die Begegnung mit dem verstorbenen Menschen, gerade in den ersten Minuten und Stunden nach dem Tod, gilt als essentiell wichtig, um Trauerreaktionen freizusetzen, den Tod begreifen, realisieren und akzeptieren zu können und damit die Weichen für die körperliche und seelische Gesundheit der Hinterbliebenen zu stellen (Lammer, 2010). Da die Anwesenheit von Leichen jedoch „das gesellschaftliche Konzept durcheinander bringt [...] haben wir ein System entwickelt, in dem wir die Toten weitgehend unsichtbar machen [...] [und] Bestattungsprofis [sich] um die wertlos gewordenen Körper der Toten [kümmern]" (Fiedler, 2001, S.73 f.). Diese Delegation aller Handlungen rund um den Todesfall geht jedoch mit einem nicht zu unterschätzenden Verlust von rituellen Höhepunkten im Umgang mit dem Körper einher: „[So] sind die Trauernden [beispielsweise] nicht anwesend, wenn der Sargdeckel verschlossen wird, die technischen Vorrichtungen der Krematorien verhindern, dass man den Sarg brennen sieht, und bei der Erdbestattung bleibt die fachgerechte Aushebung und Zuschüttung der Gräber den Friedhofsangestellten vorbehalten" (Caduff, 2000, S. 158). Verschiedene Erfahrungsberichte und Zitate von Trauernden betonen jedoch die wesentliche Bedeutung und Notwendigkeit von aktiver Beteiligung an jeglichen Bestattungsritualen für die individuelle Trauerarbeit. Beispielsweise berichtet eine junge Frau:

> Die Trauerfeier im Krematorium ging mehr oder weniger an ihr vorüber. Sie ließ andere bestimmen, was geschehen sollte, hatte nur die Musik selbst ausgesucht. Nach 10 Jahren kam sie zu dem Schluß, dass sie den Tod ihres Mannes emotional noch immer nicht verarbeitet hatte. Zusammen mit Freundinnen und Freunden organisierte sie eine erneute Trauerfeier im Krematorium. ‚Zu diesem späten Zeitpunkt habe ich die Rede gehalten, die ich vor 10 Jahren hätte halten wollen. Es war gut, diese Rede vorzutragen. Ich hatte dabei das Gefühl: Jetzt nehme ich richtig von ihm Abschied. (Sax, 1993, S. 88; zitiert nach Schäfer, 2011, S. 76).

Stark kritisiert wird die moderne Bestattungspraxis, die den „Toten als Toten unsichtbar macht" von Nassehi und Weber (1989, S. 261). Da dadurch das öffentliche und rituelle Zeigen von Trauer und Schmerz „einerseits [...] abgeschafft [wurde], andererseits auf fast feindliche Reaktionen trifft, wird Trauer nicht nur privatisiert, sondern geradezu stigmatisiert und diskriminiert" (Ebd.). Zudem wird durch die Professionalisierung und Bürokratisierung aber auch durch die starren Gesetze und Verordnungen der natürliche Trauerprozess eines Individuums in extremer Weise beeinträchtigt und die Chance, Trauer in individuellen Riten auszudrücken, wird einem häufig verwehrt.

4.3 Unterdrückte Trauer und ihre Folgen

Die unterdrückte Trauer findet in der aktuellen Literatur und Forschung im Gegensatz zur langanhaltenden Trauer kaum Beachtung. Das mag wohl daran liegen, dass die unterdrückte Trauer die gesellschaftlichen Werte „Stärke", „Tapferkeit" und „Produktivität" verkörpert, wohingegen die langanhaltende Trauer den Normen der Gesellschaft widerspricht, weshalb sie im besten Fall verhindert oder bekämpft werden soll. Trauerforscher sind sich jedoch einig, dass es für die psychische und physische Gesundheit des Trauernden wichtig ist, durch den Trauerprozess hindurchzugehen. Wird dieser Trauerprozess nun aber vorzeitig unterbrochen und kann demnach nicht abgeschlossen werden, „dann steht zu erwarten, daß alles, was der Vermeidung oder Unterdrückung [des Trauerschmerzes] [...] Vorschub leistet, den Trauervorgang verlängert" (Schäfer, 2011, S. 52). Die Tatsache, dass verdrängte Trauer mit schwerwiegenden Folgen für das Individuum aber auch für die

Gesellschaft einhergehen kann, wird oftmals erst erkannt, wenn sich diese zu einer langanhaltenden Trauer entwickelt hat.

4.3.1 Folgen unterdrückter Trauer für das Individuum

Trauer wird in unserer Gesellschaft als Etwas erlebt, dessen man sich schämen muss, das schnellstmöglich überwunden werden muss und das den Werten und Normen unserer modernen Gesellschaft widerspricht. Die Folge ist, dass Trauernde ihre Gefühle nicht zulassen können, ihre Trauer verbergen und unterdrücken müssen und sie „zwischen dem Gewicht [des] [...] Schmerzes und dem des gesellschaftlichen Tabus zermalmt [werden]" (Ariés, 1995, S. 746; zitiert nach Diek, 2002, S. 58). Die einzige Möglichkeit für Hinterbliebene, ihre Trauer in der Öffentlichkeit, in der sie als etwas Unnatürliches und Ungesundes verstanden wird, zu verstecken, ist häufig die langfristige Unterdrückung und Verdrängung ihrer Gefühle.

Verdrängte, verleugnete, vermiedene und nicht angenommene Gefühle bezeichnet der griechische Psychotherapeut Jorgos Canacakis (2002) als „lebenshindernde Trauer". Die Schuld an der Unfähigkeit, natürlich zu trauern, sieht auch er hauptsächlich in der Gesellschaft, in der es „nicht gerade leicht [ist] [...], lebensfördernd mit Trauer umzugehen" (Ebd., S. 13). Können Hinterbliebene ihre Trauer nicht zum Ausdruck bringen, wird diese „abgespalten, zugedeckt und unter Kontrolle gehalten und setzt sich als stecken gebliebenes Gefühl im Körper fest" (Schäfer, 2011, S. 65).

Trauer ist ein leib-seelischer Prozess. Da es also nicht nur um Gefühle, sondern um den ganzen Menschen geht, kann unterdrückte Trauer sowohl psychische Reaktionen wie Lebensunlust, innerliche Erkaltung und Versteinerung, Resignation, Isolationsängste und Gefühlsverlust aber auch physische Reaktionen wie Kopf- und Rückenschmerzen oder Magengeschwüre hervorrufen. Verdrängte Trauer raubt damit die Lebensenergie des Betroffenen, was einen sozialen Rückzug und damit einhergehende Einsamkeit zur Folge haben kann (Birkner, 2012). Einen ersten wissenschaftlichen Beweis für diese These konnte Canacakis im Jahr 1983 mit seiner Langzeitstudie, in der er den Umgang mit Trauer in zwei unterschiedlichen Kulturen erforschte, liefern. Er verglich dabei die Bewältigung einer Verlustkrise von Menschen aus Mani mit der von Menschen aus den Großstädten Athen und Essen. In Mani, einem kleinen Gebiet im Süden der griechischen Halbinsel Peloponnes, wird nach einem Verlust gemeinschaftlich die „Myroloja", eine Form von tranceeartigem Klagelied, das mit expressiver Körperbewegung, Haare-raufen oder Schlagen auf die Brust begleitet wird, praktiziert. Canacakis konnte evident zeigen, dass Trauernde, die dieses Ritual nach einem Verlust praktizierten, bedeutend weniger an körperlichen und psychischen Krankheitssymptomen litten, weniger Drogen konsumierten und nach dem zweiten Jahr nach dem Verlust zunehmenden Lebenswillen zeigten. Trauernde aus Essen und Athen wiesen dagegen häufige Arztbesuche, vermehrte Einnahme von Medikamenten, erhöhten Drogenmissbrauch sowie körperliche und psychische Beschwerden auf und berichteten zudem gehäuft von sozialer Isolation und Hilflosigkeit (Jope, 2014). Die Ergebnisse dieser Studie belegen zum einen die von Canacakis vermutete Notwendigkeit eines natürlichen Trauerprozesses für die psychische und physische Gesundheit von Trauernden, welcher den freien Ausdruck von Gefühlen und das Teilen der Trauer mit der Gemeinschaft beinhaltet, zum anderen bestätigen sie seine These, dass vor allem die moderne westliche Gesellschaft durch ihre Normen und Werte diesen natürlichen Trauerprozess erschwert.

Mit dem Zusammenhang zwischen der Verdrängung negativer Emotion und dem Auftreten physischer Symptome und Beschwerden beschäftigten sich erstmals die Forscher Marcus Mund und Kristin Mitte und veröffentlichten im Jahr 2012 die erste Meta-Analyse, in der alle weltweit verfügbaren Einzelergebnisse, die diesen Zusammenhang untersucht haben, zusammengetragen wurden. Die in die Studie eingegangenen Daten stammen überwiegend von sogenannten „Repressern", also von Menschen, die negative Gefühle, häufig aufgrund von sozialer Erwünschtheit, generell unterdrücken und in deren Persönlichkeit das Prinzip der Abwehr wesentlich verankert ist. Für die Metaanalyse wurden 22 verschiedene Studien genutzt, welche den Zusammenhang, entweder zwischen Krebs, Herz-Kreislauf-Erkrankungen, Asthma oder Diabetes und der Verdrängung von negativen Gefühlen untersuchten. Die Ergebnisse der Metaanalyse zeigen, dass sich zwar kein Zusammenhang zwischen Repression und Krebs herstellen lässt und auch für die Krankheiten Asthma und Diabetes keine eindeutigen Aussagen getroffen werden können, jedoch konnte bewiesen werden, dass das Unterdrücken negativer Gefühle mit einem erhöhten Risiko für chronisch erhöhten Blutdruck einhergeht, welcher wiederum schwerwiegende Folgeerkrankungen wie koronare Herzerkrankungen, Nieren- oder der Augenschäden verursachen kann.

Neben körperlichen Erkrankungen kann sich die verdrängte Trauer außerdem in Form von psychischen Störungen zeigen. Znoj (2012) geht davon aus, dass sich hinter jeder dritten psychischen Störung eine verdrängte Trauer verbirgt, wobei er vor allem die Posttraumatische Belastungsstörung und die Depression betont. Auch

Kast (2015) bestätigt, dass wenn „man diesen Depressionen nach[geht] [...], man häufig unabgeschlossene Trauerprozesse, verdrängte Trauer usw. [findet]" (S. 91). Die psychodynamische Theorie bringt die Entstehung einer Depression mit einer Verlusterfahrung, bei der der Betroffene keine Gelegenheit hatte, einen natürlichen Trauerprozess zu durchlaufen, in Verbindung und auch andere Erklärungsansätze sehen die Ursache der Depression vor allem in der Unterdrückung negativer Gefühle (Europäische Gemeinschaften, 2004). Laut einer Studie aus dem Jahr 2017 sind psychosoziale Ursachen wie Belastungen am Arbeitsplatz, Schicksalsschläge oder Probleme mit Mitmenschen die häufigsten Ursachen für die Entstehung einer depressiven Erkrankung, wobei in einer Befragung von 990 Probanden im Alter von 18 bis 69 Jahren, mit dem Merkmal einer vorhandenen diagnostizierten Depression, 90 Prozent einen Schicksalsschlag in ihrer Vergangenheit als Grund ihrer Erkrankung nannten (Deutschland-Barometer Depression, 2017). Auch viele weitere Studien konnten nachweisen, „dass Menschen, die unter einer Depression leiden, in den sechs Monaten vor Auftreten der Störung mit besonders belastenden Lebensereignissen konfrontiert wurden, [wobei vor allem] Verluste und Trennungen, beispielsweise der Tod des Ehepartners oder eine Scheidung" (Europäische Gemeinschaften, 2004, S. 20) als Auslöser genannt werden.

Der Frage, ob Menschen, die negative Emotionen zulassen und annehmen, psychisch gesunder sind als diejenigen, die negative Gefühle grundsätzlich unterdrücken, gingen Wissenschaftler der University of Toronto nach. Um die Hypothese, dass das Zulassen und Akzeptieren negativer Gefühle die psychische Gesundheit fördert, zu untersuchen, führte das Team um Brett Ford drei verschiedene Experimente an unterschiedlichen Kohorten durch. In einem der Experimente sollten 1.003 Probanden anhand eines Online-Fragebogens angeben, wie stark sie bestimmten Aussagen wie „Ich sage mir selbst, dass ich nicht so fühlen sollte, wie ich fühle" zustimmten. Im Allgemeinen konnten die Forscher dabei beobachten, dass die Teilnehmer, die derartigen Aussagen weniger zustimmten und damit eine höhere Akzeptanz negativer Gefühle zeigten, von einem höheren Wohlbefinden berichteten als diejenigen, die ihre negativen Gefühle selber nicht akzeptieren können. Ein weiteres Experiment dieser Studie verlangte von 222 Probanden, ein Tagebuch über einen Zeitraum von zwei Wochen zu führen, in dem sie negative Erfahrungen und ihre emotionalen Reaktionen darauf festhielten. Sechs Monate später wurden die Teilnehmer einer psychologischen Untersuchung unterzogen, wobei festgestellt werden konnte, dass diejenigen, die ihre negativen Emotionen als

Reaktion auf schlechte Erfahrungen unterdrückten, ein halbes Jahr später häufiger an Angststörungen und Depressionen litten (Ford, Lam, John & Mauss, 2017).

Schätzungen zufolge leiden weltweit inzwischen rund 350 Millionen Menschen an einer Depression. In Deutschland liegt die Zahl bei 4,1 Millionen Menschen und entspricht 5,2 Prozent der deutschen Bevölkerung, womit die Depression zu den häufigsten und mit Blick auf die Schwere am meisten unterschätzten Erkrankung zählt. Die WHO geht davon aus, dass bis zum Jahr 2020 der Suizid in Folge einer depressiven Erkrankung die zweithäufigste Todesursache sein wird. Stressbezogene Gesundheitsprobleme sind in den letzten 30 Jahren in die Höhe geschossen und die Zahl der Menschen mit diagnostizierter Depression steigt weiterhin rasant an. Die Depression, welche unter anderem durch dauerhaftes Unterdrücken negativer Gefühle entstehen kann, zählt mittlerweile als Volkskrankheit Nummer eins und legt damit die Vermutung nahe, dass das Verdrängen von Trauer nicht nur schwerwiegende Auswirkungen für das Individuum, sondern auch für die gesamte Gesellschaft zur Folge hat (Bundesministerium für Gesundheit, 2018).

4.3.2 Folgen unterdrückter Trauer für die Gesellschaft

> Wenn ich mich heute umschaue und beobachte, wie abgestumpft, emotions- und herzlos viele von uns auf das reagieren, was da vor unserer Haustür passiert; wenn ich sehe, wie politische Entscheidungen gegen Menschenrechte getroffen werden, wenn ich sehe, wie die Mehrheit die Augen verschließt und sich mit dieser Verdrängung selbst von der eigenen Lebendigkeit abschneidet, dann weiß ich, dass es an der Zeit ist, sich auf Spurensuche zu begeben und zu analysieren, warum wir nicht mehr trauern können (Hagen, 2016, Kap. 6, Abs. 4).

Jeannette Hagen (2016) kritisiert in ihrem Buch „Die leblose Gesellschaft. Warum wir nicht mehr fühlen können" unsere moderne Gesellschaft, die von einer Empathie- und Gefühlslosigkeit geprägt ist, was vor allem in der derzeitigen Flüchtlingskrise sichtbar wird. Sie bezeichnet die Gesellschaft als eine „Verdrängungsgesellschaft", die den Umgang mit Gefühlen verlernt hat und sieht die kollektive Verdrängung von Trauer als Ursache für „die Gefühlskälte, mit der wir dem Leid der Welt oder dem Leid der Geflohenen gegenüberstehen" (Ebd., Kap. 5.9, Abs. 1). Inwieweit eine kollektive Verdrängung von Trauer in der Vergangenheit stattgefunden hat und auch heute noch stattfindet und mit welchen Folgen die kollektive sowie die individuelle Verdrängung von Trauer für die Gesellschaft einhergeht, soll im Folgenden anhand von zwei ausgewählten Beispielen erläutert werden.

4.3.2.1 Die deutsche Nachkriegsgesellschaft und ihre Unfähigkeit zu trauern

Ein typisches Beispiel für gesellschaftliche Auswirkungen in Folge von verdrängter Trauer stellen Alexander und Margarete Mitscherlich (1967) in ihrem Buch „Die Unfähigkeit zu trauern" dar. Sie analysieren darin den Umgang der deutschen Nachkriegsgesellschaft mit den Folgen der Zerstörung und den großen nationalen Katastrophen durch den Holocaust und kommen zu dem Schluss, dass eine kollektive Verdrängung von Trauer über materielle sowie immaterielle Verluste angesichts der Kriegsereignisse stattgefunden hat. Indem sich die Nachkriegsgesellschaft auf den Wiederaufbau der deutschen Städte sowie auf die Restitution der Wirtschaft konzentrierte und mit der explosiven Entwicklung der deutschen Industrie und dem Wirtschaftswunder beschäftigt war, konnte die Vergangenheit ignoriert und die Trauer und Verzweiflung unterdrückt werden. Dass sich unterdrückte Trauer jedoch irgendwann wieder bemerkbar macht, wurde bereits im vorhergehenden Kapitel beschrieben und verhält sich im gesellschaftlichen Kontext genauso wie im Individuellen. Bis heute konnte die nach dem Zweiten Weltkrieg stattgefundene kollektive Verdrängung von Trauer nicht verarbeitet werden, was sich dadurch erklären lässt, dass ein häufiges individuelles Unterdrücken von Gefühlen mit einer Intoleranz gegenüber der Entladung von Gefühlen anderer einhergeht. So wird beispielsweise „eine Mutter, die ihre Trauer verdrängt hat, [...] ständig mit dem Weinen ihres Kindes interferieren und so das Kind dazu bringen, wiederum verdrängte Trauer zu akkumulieren" (Rost, 1990, S. 84). Dadurch, sowie durch die Weitergabe der unerledigten Trauerarbeit an spätere Generationen, die aufgrund des Ignorierens und des Verdrängens der erlebten Kriegsereignisse nicht stattfinden konnte, setzt sich die verdrängte Trauer durch die Generationenfolgen fort und zeigt sich auch heutzutage noch mit all ihren Folgen und Auswirkungen. Margarete Mitscherlich (1993) zufolge ist ein Wiederholungszwang des Erlebten ohne Trauerarbeit unvermeidbar. So lassen sich beispielsweise auch heute noch typische „Nazistrukturen", wie der autoritäre Charakter oder die Gefühllosigkeit der deutschen Bevölkerung in „der Welt der Erziehung, des Verhaltens, der Umgangs- und Denkweisen [oder] der Politik [erkennen]" (Ebd., S. 14 f.) und auch der Rechtsruck, wie er gegenwärtig in den westlichen Gesellschaften zu spüren ist, kann durch die kollektive Verdrängung von Trauer erklärt werden (Meyer, 2016).

Die Autorin Sabine Bode beschäftigte sich mit den Langzeitfolgen des Zweiten Weltkrieges und insbesondere mit der Frage, inwieweit die damalige kollektive Verdrängung der Trauer noch immer die heutige Gesellschaft beeinflusst. Das Schweigen der Nachkriegsgesellschaft über ihre unverarbeiteten Traumata wie

Krieg, Flucht, Vertreibung, Hunger und Gewalt in der Erziehung führt durch Re-Traumatisierungen zu seelischen Wunden in den heutigen Gesellschaften. Als „Re-Traumatisierung" oder „transgenerationale Weitergabe der Kriegstraumata" bezeichnet man „die Übermittlung traumatischer Erfahrungen von einer Generation auf die andere" (Bork, 2017, S. 15), was sich zumeist in sehr frühen Phasen der kindlichen Entwicklung vollzieht. Diese Übermittlung der seelischen Verwundungen kann zum einen stattfinden, indem die erlebten traumatischen Ereignisse einen Schalter im Erbgut umlegen und so die Aktivität der Gene verändern. Diese Gene werden folglich bei der Zeugung an die Kinder weitergegeben und lassen dadurch die Erinnerungen an die Kriegserlebnisse in den nachfolgenden Generationen weiterleben. Zum anderen wird das Verhalten von Kindern durch das Verhalten ihrer Eltern und Großeltern geprägt und durch unverarbeitete Traumata hervorgerufene psychische Eigenschaften und Handlungsmuster der Eltern, wie beispielsweise große Ängste oder eine dauerhafte Alarmbereitschaft, können unbewusst an die Kinder weitergegeben werden, wodurch sich auch bei ihnen psychische Störungen entwickeln können (Bork, 2017). Bode befragte zu diesem Thema zahlreiche Kriegsenkel, also Vertreter der Jahrgänge 1960 – 1975, die als direkte Nachkommen traumatisierter Menschen immer wieder über Ähnliches klagten: Eine große Angst vor Risiko, Probleme in Beziehungen, mangelndes Selbstbewusstsein, psychosomatische Erkrankungen, eine unerklärliche Rast- und Ruhelosigkeit und Depression (Janker, 2015). Andere Autoren stellten zudem einen erhöhten Hang zur Perfektion, quälende Selbstermahnungen ganz nach dem Motto „Stell dich nicht so an" oder „Dir geht es doch gut", eine tiefsitzende Verunsicherung sowie ein Gefühl der Gefühllosigkeit bei dieser Generation fest (Bork, 2017; Eisenstecken, n.d.).

4.3.2.2 Das Interesse der Gesellschaft am Tod fremder Personen

Obwohl die Trauer um nahestehende Personen in der modernen Gesellschaft weitestgehend verdrängt wird, kann seit einigen Jahren beobachtet werden, dass Menschen immer häufiger kollektiv um Tote trauern, die sie vor deren Tod nicht gekannt hatten. Den wohl bekanntesten Fall von kollektiver und öffentlicher Trauer stellt der Tod von Prinzessin Diana im Jahr 1997 dar. Nach ihrem Tod schien die Welt für einen Moment still zu stehen, eine Welle der Bestürzung erfasste die Menschheit und fesselte schätzungsweise 3 Milliarden Zuschauer bis zum Ende der Trauerfeier an den Fernseher. Zehntausende haben vor Dianas Wohnhaus Blumen niedergelegt und geweint, das Ausmaß öffentlicher Trauer setzte damit neue Maßstäbe (Angst, 2004). Dieses Phänomen des öffentlichen Mittrauerns um fremde

Personen, welches sich generell nach dem Tod von prominenten Personen, aber auch von unbekannten Opfern größerer Katastrophen beobachten lässt, scheint auf den ersten Blick der Verdrängungshypothese von Trauer zu widersprechen. Einige Wissenschaftler, unter anderem der Psychologe Rolf Haubl (1998), vermuten jedoch, dass öffentliche Mittrauer als Trauer über eigene Verluste entsteht, welche auf ein symbolisches Objekt wie beispielsweise eine prominente Person oder ein unbekanntes Opfer übertragen wird. Der wahrgenommene Todesfall ist demnach nicht die eigentliche Ursache für das Mittrauern, sondern lediglich ein Anlass, individuelle Verluste stellvertretend zu betrauern. In der Mittrauer kann die unterdrückte oder verdrängte Trauer um eine nahestehende Person Ausdruck finden, Trauernde können sich hierbei leichter ihren Gefühlen hingeben, ohne sich erklären zu müssen und die mit der Trauer einhergehenden Reaktionen und Gefühle werden von der Gesellschaft toleriert (Angst, 2004).

Zur Tabuzone wird der Tod und die Trauer also erst dann, wenn es das eigene private Umfeld betrifft. Solange aber die Toten weit weg sind, werden diese Themen nicht nur nicht verdrängt, sondern mit großer Faszination betrachtet. Das Thema Tod ist in unserer Gesellschaft präsenter denn je, Ausstellungen wie „Körperwelten" werden von Besuchern regelrecht eingerannt und gerade im deutschen Fernsehen wird „gemordet, getötet, gemetzelt und gestorben, was das Zeug hält" (Schüle, 2016, S. 1). In unserer modernen, fortschrittlichen Gesellschaft, die scheinbar den Höhepunkt der menschlichen Vernunft erreicht hat, „erleben wir den faszinierenden Widerspruch zwischen der obsessiven Beschäftigung einer Kulturproduktion mit Mord, Sterben und Tod und einer gesellschaftlichen Moral fast hysterischer Todesvermeidung im optimierten Lebensalltag" (Schüle, 2016).

Das große Interesse und die Faszination an dem Tod fremder und fiktiver Personen und die öffentliche Mittrauer legen den Schluss nahe, dass durch die gesellschaftlich erzwungene Tabuisierung des eigenen Todes und die Verdrängung der Trauer am Tod nahestehender Personen eine Lücke entstanden ist, die scheinbar durch die hier beschriebenen Phänomene geschlossen werden kann. Während der Tod im privaten Leben faktisch abwesend ist, so erscheint er in seiner Präsenz in den Medien fast aufdringlich, denn, wie eine Hypothese von Trix Angst (2004) lautet, „je mehr die Menschen den eigenen Tod aus ihrem Leben ausblenden, desto mehr lassen sie sich vom Tod ihnen fremder Menschen in Bann ziehen" (S. 30). Diese Entwicklungen, die hauptsächlich auf der (erzwungenen) Verdrängung eigener Trauer beruhen, haben weitreichende Auswirkungen für die Gesellschaft. Für Norbert Fischer (2003) liegt das größte Problem an der immateriellen und abstrakten Darstellung vom Tod in Film und Fernseher. Die menschliche Erfahrung des Todes ist heute größtenteils medial vermittelt und der Tod existiert für die meisten Menschen nur noch in seiner Reproduktion. Er erscheint als etwas weit Entferntes, der einen privat nicht betrifft und kann somit in Distanz zum eigenen Leben gebracht werden. Traditionelle Verhaltensmuster und gemeinschaftliche Trauerrituale wurden von dem medialen Bild von Tod und Trauer abgelöst und haben damit ihre gesellschaftliche Verortung verloren. In Folge dieser medialen Vermittlung existiert in der Gesellschaft kaum noch eine „sinnlich-konkrete Präsenz von Tod, Trauer und Erinnerung" (Ebd., S. 1), weshalb es auch nicht verwundert, dass der Umgang mit den Toten in professionelle Hände gelegt wird, der Tod zu einem bürokratischen und delegierbaren Problem geworden ist, Emotionen eine immer unwichtigere Rolle in der modernen Gesellschaft spielen und sogar gesellschaftlich sanktioniert werden (vgl. Kapitel 4.2) und dass die „Dauervisualisierung des Todes [...] die Effekte von Gleichgültigkeit und Gewöhnung zur Folge [hat], die den Tod wirksamer verdrängen als dessen rigide Tabuisierung" (Milchert, 2012, S. 26). Indem die hier beschriebenen gesellschaftlichen Auswirkungen von unterdrückter Trauer dazu führen, dass gesellschaftliche Normen und Werte, wie sie im Kapitel 4.2 bereits erläutert wurden, entstehen, die wiederum einen natürlichen Umgang mit Trauer erschweren und eine Unterdrückung von Trauer verlangen, entsteht eine Art Teufelskreislauf, durch den sich der Verlust eines natürlichen Umgangs mit Trauer in der modernen westlichen Gesellschaft erklären lässt (Ebd).

5 Fazit

Der soziale Umgang mit dem Tod, dem Sterben und der Trauer hängt stark von der jeweiligen Kultur mit ihren Normen und Werten und ihrem Todesverständnis ab. In unserer modernen westlichen Gesellschaft – so lautet eine weitverbreitete These - wird der Tod verdrängt. Im Zuge von Rationalisierungs-, Säkularisierungs- und Individualisierungsprozessen hat sich unsere Gesellschaft zu einer Leistungsgesellschaft entwickelt, die von Wettbewerbsdenken und beschleunigter Geschwindigkeit geprägt ist und somit keinen Platz für die Themen Tod, Sterben und Trauer lässt. Zutreffend ist dies insbesondere für den Bereich der Trauer, der in der Öffentlichkeit kaum noch wahrnehmbar ist. Durch verschiedene gesellschaftliche Faktoren und Entwicklungen wurde die Trauer mit einem Tabu belegt, sie wurde zu einem Störfaktor in der modernen Gesellschaft und in das Private zurückgedrängt. Trauernde Personen werden somit in ihrem Trauerprozess alleingelassen, können dabei kaum noch auf geeignete Trauerrituale zurückgreifen und werden zudem von der Gesellschaft stigmatisiert, indem ihr Trauerprozess als richtig oder falsch bewertet wird. Aufgrund dieser gesellschaftlichen Faktoren findet häufig eine Unterdrückung der individuellen Trauer statt, die mit vielen schwerwiegenden Folgen für das Individuum aber auch für die Gesellschaft einhergeht. Negative Gefühle wie die Trauer, welche unterdrückt und verdrängt werden, können erwiesenermaßen psychische und physische Reaktionen zur Folge haben. Als Beispiel dafür wäre die Depression zu nennen, welche deutlich mit einer Verdrängung negativer Gefühle oder mit einem unabgeschlossenen Trauerprozess in Verbindung gebracht werden kann und mittlerweile als Volkskrankheit Nummer eins zählt.

Zwar wurden in dieser Arbeit lediglich die Probleme, mit denen Trauernde in unserer Gesellschaft konfrontiert werden, beleuchtet und positiv zu interpretierende Merkmale der Gesellschaft in Bezug auf den Umgang mit Trauer und Trauernden weitestgehend außen vorgelassen, jedoch legt allein der Fakt, dass sich die Folgen unterdrückter Trauer in vielfacher Hinsicht in unserer Gesellschaft zeigen, die Vermutung nahe, dass unsere moderne Gesellschaft einen natürlichen Umgang mit Trauer, unter dem ich, in Bezugnahme auf den griechischen Psychotherapeuten Jorgos Canacakis, eine Art von Trauer verstehe, in der es möglich ist, seine Gefühle frei auszudrücken, dabei von keinen gesellschaftlichen Normen eingeschränkt zu werden und einen individuell als angemessenen Trauerprozess durchlaufen zu können, kaum noch erlaubt.

Literaturverzeichnis

Anderson, I. (2018). Bilder guter Trauer. Neue Sichtbarkeiten der Trauer in der Psychologie, Philosophie und Fotografie. Paderborn: Wilhelm Fink Verlag.

Angst, T. (2004). Mittrauern-eine Form öffentlicher Trauer. Studienarbeit, Hochschule für angewandte Psychologie, Zürich.

Ariés, P. (1976). Studien zur Geschichte des Todes im Abendland. München: Hanser.

Ariés, P. (1982). Bilder zur Geschichte des Todes. München: Hanser Verlag.

Ariés, P. (2009 [1978]). Geschichte des Todes. Frankfurt a.M.: dtv.

Baur, N. (2005). Verlaufsmusteranalyse. Methodologische Konsequenzen der Zeitlichkeit sozialen Handelns. Wiesbaden: VS Verlag für Sozialwissenschaften.

Birkner, S. (2012). Der ganz alltägliche Ausnahmezustand. Wenn ein nahestehender Mensch unheilbar erkrankt ist. Norderstedt: Books on Demand.

Blinkert, B. (2003). Sterben in modernen Gesellschaften. Vortrag auf dem 2. Symposium „Herausforderung Palliative Care" 2003 in Freiburg.

Bobert, S. (2005). Die neuen Entwicklungen der Bestattungskultur aus theologischer Sicht. In K. Grünwaldt & U. Hahn (Hrsg.). Vom christlichen Umgang mit dem Tod. Beiträge zur Trauerbegleitung und Bestattungskultur (S. 55-86). Hannover: Luth. Kirchenamt.

Bode, S. & Roth, F. (1998). Der Trauer eine Heimat geben. Für einen lebendigen Umgang mit dem Tod. Bergisch-Gladbach: Gustav Lübbe Verlag.

Bodea, F. D. (2013). Trauer: Einblick in die Rituale der Trauerkultur im Christentum-Herausforderung für die Pflege. Diplomarbeit, Universität Wien.

Borckholder, T. (2015). Der Tod im 21. Jahrhundert. Eine Untersuchung der gesellschaftlichen Einstellungen zum Tod in der Bundesrepublik Deutschland. Norderstedt: Books on Demand.

Bork, R. (2017). Traumata und Re-Traumata. Psychische Probleme in den heutigen Generationen als Folge der Weltkriege und gelebter Traditionen. Soziologie heute, 56, 14-17.

Bowlby, J. (1983). Verlust, Trauer und Depression. Frankfurt am Main: Fischer.

Brinkmann, T. M. & Paul, C. (2015). Gesellschaftliche Systeme und ihre Trauer-
normen am Beispiel der aberkannten Trauer. In P. Rechenberg-Winter &
C. Metz (Hrsg.). Trauer hat System-Veränderungsdynamik in Krisen
(S. 8-17). Göttingen: Vandenhoeck & Ruprecht.

Buchmann, K. E. (2017). Sterben und Tod. Gelassen und angstfrei mit dem Lebensende umgehen. Berlin, Heidelberg: Springer.

Bundesministerium für Gesundheit (2018). Depression. Zugriff am 07.08.2018.
Verfügbar unter https://www.bundesgesundheitsministerium.de/the-
men/praevention/gesundheitsge/fahren/depression.html

Busch, S. (2010). So stirbt man heute! Ist „würdiges Sterben" Mythos oder
Wirklichkeit in der modernen Gesellschaft?. Hausarbeit, Universität Trier.

Caduff, C. (2000). Bestattungsritual im Übergang. Zu Mischformen von dele-
gierter und nicht-delegierter Bestattung. In H. U. Glarner, B. Hächler & S.
Lichtensteiger Hrsg.). Ein Buch zu Sterben und Tod (S. 158-161). Baden:
Hier + Jetzt.

Canacakis, J. (1987). Ich sehe deine Tränen: trauern, klagen, leben können.
Stuttgart: Kreuz Verlag.

Canacakis, J. (2002). Ich begleite dich durch deine Trauer. Stuttgart: Kreuz Verlag.

Canacakis, J. (2006). Ich sehe deine Tränen. Lebendigkeit in der Trauer. Stuttgart: Kreuz Verlag.

DAK Gesundheit (2016). Zu Hause sterben – Wunsch wird selten Wirklichkeit.
Zugriff am 23.06.2018. Verfügbar unter https://www.dak.de/dak/bun-
des-themen/zu-hause-sterben--wunsch-wird-selten-wirklichkeit-
1851222.html

Deutschland-Barometer Depression. (2017). Volkskrankheit Depression-So
denkt Deutschland. Zugriff am 11.08.2018. Verfügbar unter
http://www.telefonseelsorge.de/sites/default/files/studienergeb-
nisse_depression_so_denkt-deutschland.pdf

Diek, M. (2002). Trauer und ihre gesellschaftlichen Aspekte. Hannover: Diplomica Verlag.

Eisenstecken, D. (n.d.). Transgenerationale Weitergabe von Traumata. Die Folgen des 2. Weltkriegs aus Sicht der Kriegsenkel. Zugriff am 10.08.2018. Verfügbar unter https://www.in_konstellation.de/fileadmin/user_upload/documents/Transgenerationale_Weitergabe_von_Traumata_Kopie.pdf

Europäische Gemeinschaften. (2004). Maßnahmen gegen Depression. Zugriff am 11.08.2018. Verfügbar unter http://ec.europa.eu/health/ph_determinants/life_style/mental/docs/depression_de.pdf

Feitsch, L. (2016). Die Leistungsgesellschaft – Die Geschichte der Erfindung des Hamsterrades. Zugriff am 30.08.2018. Verfügbar unter http://www.subwo.de/blog/leistungsgesellschaft

Feldmann, K. (2010). Tod und Gesellschaft. Sozialwissenschaftliche Thanatologie im Überblick. Wiesbaden: VS Verlag.

Fiedler, A. (2001). Ich war tot und ihr habt meinen Leichnam geehrt: Unser Umgang mit den Verstorbenen. Mainz: Matthias-Grünewald-Verlag.

Fischer, N. (2003). Tod in der Mediengesellschaft. Der flüchtige Tod und die Bestattungsrituale im Übergang. Zugriff am 10.08.2018. Verfügbar unter http://www.postmortal.de/Diskussion/Mediengesellschaft/mediengesellschaft.html

Flüeler, C. & Forstmeier, S. (2013). Normale und prolongierte Trauer: Abgrenzung, Diagnosen und Modelle. Psychotherapie im Alter 10, 425-437.

Ford, B. Q., Lam, P., John, O. P. & Mauss, I. B. (2017). The Psychological Health Benefits of Accepting Negative Emotions an Thoughts. Laboratory, Diary, and Longitudinal Evidence. Zugriff am 12.07.2018. Verfügbar unter https://www.ncbi.nlm.nih.gov/pubmed/28703602

Giddens, A. (1995). Konsequenzen der Moderne. Frankfurt a.M.: Suhrkamp Verlag.

Gudjons, H. (1996). Der Verlust des Todes in der Modernen Gesellschaft. Wie wir das Sterben, Trauern und Leben wiederfinden. Pädagogik, 9 (96), 6-13.

Haas, E. T. (2003). Gewalt-Trauer-Kultur. In W. Mauser & J. Pfeiffer (Hrsg.). Trauer (S. 109-125). Würzburg: Königshausen & Neumann.

Hänel, D. (2003). Bestatter im 20. Jahrhundert. Zur kulturellen Bedeutung eines tabuisierten Berufs. Münster: Waxmann.

Hagen, J. (2016). Die leblose Gesellschaft. Warum wir nicht mehr fühlen können. Berlin: Europa Verlag.

Hamburger Gesundheitshilfe (2013). Leben mit Sterben, Tod und Trauer. Vom Umgang mit unzeitgemäßen Gefühlen. Zugriff am 11.07.2018. Verfügbar unter http://www.hamburger-gesundheitshilfe.de/fileadmin/user_upload/hghev/downloads/Vom_Umgang_mit_unzeitgemaessen_Gefuehlen.pdf

Haubl, R. (1998). Die Macht der Bilder. Gruppenanalyse. Zeitschrift für gruppenanalytische Psychotherapie, Beratung und Supervision, 8, 41-69.

Heller, A. (2000). Ambivalenzen des Sterbens heute – Einschätzungen zum gegenwärtigen Umgang mit dem Sterben und den Sterbenden. In A. Heller, K. Heimerl & C. Metz (Hrsg.). Kultur des Sterbens. Bedingungen für das Lebensende gestalten. Freiburg: Lambertus.

Hillmann, K. (2007). Wörterbuch der Soziologie. Stuttgart. Kröner.

Hoffmann, M. (2011). „Sterben? Am liebsten plötzlich und unerwartet". Die Angst vor dem „sozialen Sterben". Wiesbaden: VS Verlag für Sozialwissenschaften.

Jakoby, N. (2014). Die Zeit heilt alle Wunden? Erinnern und Vergessen im Kontext soziologischer Trauerforschung. In O. Dimbath & M. Heinlein (Hrsg.). Die Sozialität des Erinnerns. Beiträge zur Arbeit an einer Theorie des sozialen Gedächtnisses (S.183-198). Wiesbaden: Springer VS.

Jakoby, N., Haslinger, J. & Gross, C. (2013). Trauernormen. Historische und gegenwärtige Perspektiven. SWS-Rundschau, 3, 253-274.

Janker, K. (2015). Die Kinder der Traumatisierten. Zugriff am 08.08.2018. Verfügbar unter https://www.sueddeutsche.de/politik/spaetfolgen-des-zweiten-weltkriegs-die-kinder-der-traumatisierten-1.2632536

Jope, I. (2014). Trauer als Entwicklungsprozess. Sozialpädagogische Begleitung von Trauerarbeit unter besonderer Berücksichtigung kreativer Medien. Hamburg: disserta Verlag.

Kachler, R. (2005). Meine Trauer wird dich finden! Ein neuer Ansatz in der Trauerarbeit. Stuttgart: Kreuz Verlag.

Kachler, R. (2018). Nachholende Trauerarbeit. Hypnosystemische Beratung und Psychotherapie bei frühen Verlusten. Heidelberg: Carl-Auer Verlag.

Kast, V. (2011). Natürliche Trauer-komplizierte Trauer. Psychotherapie-Wissenschaft, 1 (2), 94-101.

Kast, V. (2012). Trauern: Phasen und Chancen des psychischen Prozesses (34. Aufl.). Freiburg im Breisgau: Kreuz Verlag.

Kast, V. (2015). Trauern. Phasen und Chancen des psychischen Prozesses (4. Aufl.). Freiburg im Breisgau: Kreuz Verlag.

Kervégan, J. (2014). Was macht die Gesellschaft aus?. Rede anlässlich der Nacht der Philosophie 2014 in Berlin.

Klatt, J. (2017). 100 Jahre Entzauberung der Welt. Zugriff am 28.08.2018. Verfügbar unter http://www.demokratie-goettingen.de/blog/100-jahre-entzauberung-der-welt

Klumpp, M. (2006). Vom Wesen der Trauer. In S. Kränzle, U. Schmid & C. Seeger (Hrsg), Palliative Care. Handbuch für Pflege und Begleitung (S. 287-298). Berlin: Springer.

Knoblauch, H. (2007). Der Tod der Moderne, die neue „Kultur des Todes" und die Sektion. In A. Esser, D. Groß, H. Knoblauch & B. Tag (Hrsg.). Tod und toter Körper. Der Umgang mit dem Tod und der menschlichen Leiche am Beispiel der klinischen Obduktion (S.189-200). Kassel: kassel university press.

Kraft, C. (2016). Wie ich den Schmerz verstand. Zugriff am 16.07.2018. Verfügbar unter https://www.zeit.de/kultur/2016-03/trauer-tod-bewaeltigung-krise-arbeit-10nach8

Kübler-Ross, E. (1969). On Death and Dying. New York: The Macmillan Company.

Lammer, K. (2004). Trauer verstehen. Berlin: Springer.

Lammer, K. (2010). Trauer verstehen: Formen-Erklärungen-Hilfen (3. Aufl.). Neukirchen: Neukirchener Verlagshaus.

Lantermann, E. (2016). Die radikalisierte Gesellschaft. Von der Logik des Fanatismus. München: Karl Blessing Verlag.

Lehners, J. P. (2005). Historische Annäherung an den Tod. Forum, 252, 28-32.

Leitner, B. (2012). Was ist Erfolg?. Triebfedern und Fallstricke eines gesellschaftlichen Ideals. Zugriff am 30.08.2018. Verfügbar unter https://www.deutschlandfunk.de/was-ist-erfolg.1148.de.html?dram:article_id=180946

Macho, T. & Marek, K. (Hrsg.). (2007). Die neue Sichtbarkeit des Todes. München: Wilhelm Fink Verlag.

Metz, C. (2011). Die vielen Gesichter der Trauer. Anregungen zum Umgang mit Trauer und Trauernden. Psychotherapie-Wissenschaft, 1 (3), 177-186.

Meyer, C. (2016). Ein Kurs in wahrem Loslassen. Durch das Tor des Fühlens zur inneren Freiheit. München: Arkana.

Michaels, A. (2013). Trauer und rituelle Trauer. In J. Assmann, F. Maciejewski & A. Michaels (Hrsg.), Der Abschied von den Toten: Trauerrituale im Kulturvergleich (S. 7-15). Göttingen: Wallstein Verlag.

Milchert, T. (2012). Christliche Wurzeln der Todesphilosophie Heideggers: Untersuchung zu Sein und Zeit. Marburg: Tectum Verlag.

Mitscherlich, M. (1993). Erinnerungsarbeit: Zur Psychoanalyse der Unfähigkeit zu trauern. Frankfurt a. M.: Fischer.

Mitscherlich, M. & Mitscherlich, A. (1967). Die Unfähigkeit zu trauern. Grundlagen kollektiven Verhaltens. München: R. Piper & Co.

Müller, H. & Willmann, H. (2016). Trauer: Forschung und Praxis verbinden. Zusammenhänge verstehen und nutzen. Göttingen: Vandenhoeck & Ruprecht.

Mund, M. & Mitte, K. (2012). The costs of repression. A meta-analysis on the relation between repressive coping and somatic diseases. Health psychology: official journal of the Division of Health Psychology, American Psychological Association, 31 (5), 640-649.

Nassehi, A. & Weber, G. (1989). Tod, Modernität und Gesellschaft. Entwurf einer Theorie   der Todesverdrängung. Opladen: Westdeutscher Verlag.

Österreichisches Institut für Familienforschung (1995). Wenn die Toten nicht sterbenkönnen. Zugriff am 03.07.2018. Verfügbar unter https://www.oif.ac.at/service/zeitschrift_beziehungsweise/detail/?tx_ttnews%5Btt_news%5D=1091&cHash=eeba736be68dc4c25585e52a2f66472f

Pauli, A. (2014). Körper und Gesellschaft. Gesellschaftliche Stigmatisierungsprozesse gegenüber Menschen mit abweichenden Körperstrukturen. Bachelorarbeit, Fachhochschule Nordwestschweiz, Olten.

Paz, O. (1998). Das Labyrinth der Einsamkeit: Essay. Frankfurt am Main: Suhrkamp.

Rost, W. (1990). Emotionen: Elixiere des Lebens. Berlin, Heidelberg: Springer.

Ruff, M. (2018). Der Sonderurlaub im Arbeitsrecht-wann bekommen Sie zusätzlich frei?. Zugriff am 09.07.2018. Verfügbar unter https://www.arbeitsvertrag.org/sonderurlaub/

Schäfer, J. (2011). Tod und Trauerrituale in der modernen Gesellschaft. Perspektiven einer alternativen Trauer- und Bestattungskultur (2. überarb. und erw. Aufl.). Stuttgart: Ibidem-Verlag.

Schaub, I. (2016). Trauer – Eine Krankheit? Gefühlsnormen der Trauer im DSM-5. In M. Buchner & A. Götz (Hrsg.), transmortale: Sterben, Tod und Trauer in der neueren Forschung (S. 141-160). Köln: Böhlau Verlag GmbH & Cie.

Scheuring, H. (2004). Wege durch die Trauer. Würzburg: Echter Verlag.

Schiefer, F. (2007). Die vielen Tode: Individualisierung und Privatisierung im Kontext von Sterben, Tod und Trauer in der Moderne. Wissenssoziologische Perspektiven. Berlin: Lit-Verlag.

Schüle, C. (2016). All die schönen Toten. Zugriff am 16.08.2018. Verfügbar unter https://www.deutschlandfunk.de/ueber-mord-und-tod-im-fernsehen-all-die-schoenen-toten.1184.de.html?dram:article_id=364111

Streckeisen, U. (2001). Die Medizin und der Tod. Über berufliche Strategien zwischen Klinik und Pathologie. Opladen: Lese + Budrich.

Thieme, F. (2018). Sterben und Tod in Deutschland. Eine Einführung in die Thanatosoziologie. Wiesbaden: Springer Fachmedien.

Thönnes, M. (2013). Sterbeorte in Deutschland: Eine soziologische Studie. Zürich: Peter Lang GmbH.

Titulaer, P. T. (n.d.). Der einsame Tod und die alleingelassenen Trauernden. Zugriff am 30.08.2018. Verfügbar unter https://www.hoefer-bestattungen.de/pdf/einsamer_tod.pdf#page=1&zoom=auto,-19,852

Volkan, V. D. & Zintl, E. (2000). Wege der Trauer: Leben mit Tod und Verlust. Gießen: Psychosozial-Verlag.

Voß, B. (2003). Kinder in Trauer. Analyse einer Emotion. Münster: Diplomica Verlag.

Wagner, B. (2016). Wann ist Trauer eine psychische Erkrankung? Trauer als diagnostisches Kriterium in der ICD-11 und im DSM-5. Psychotherapeutenjournal, 3, 250-255.

Weber, M. (1992). Wissenschaft als Beruf: 1917-1919; Politik als Beruf: 1919. Tübingen: Mohr Siebeck.

Weber, M. (2006). Die protestantische Ethik und der Geist des Kapitalismus. München: FinanzBuch Verlag.

Wilkening, K. (1998). Wir leben endlich: zum Umgang mit Sterben, Tod und Trauer. Göttingen: Vandenhoeck & Ruprecht.

Winau, R. (2015). Der eigene und der fremde Tod. Wandlungen der Einstellung zu Tod und Sterben in der europäischen Geschichte. Public Health Forum, 12 (2), 4-6.

Znoj, H. (2012). Trauer und Trauerbewältigung: Psychologische Konzepte im Wandel. Stuttgart: Kohlhammer.